Selbstwertgefühl - Sei es dir selbst wert

Xenia Mitju

Inhaltsverzeichnis

Dein Selbstwert findest Du nicht in den Meinungen der anderen.

Vorwort

Selbstbewusstsein haben nur die Menschen, die reich und erfolgreich sind. Ein großes Auto fahren. Eine reine Haut haben und natürlich auch viele Freunde – quatsch!

Selbstbewusstsein hat nichts mit Geld, Erfolg, Anzahl der Freunde oder irgendwelchen Äußerlichkeiten zu tun. Selbstbewusstsein wird auch nicht angeboren, vererbt oder kann erkauft werden. Selbstbewusstsein ist tief in dir. Es kommt aus dem Bauch und ist in Form von Vergangenheitserlebnissen, deiner Erziehung und deinen Glaubenssätzen gespeichert. Den mit Abstand größten Einfluss auf unser Selbstbewusstsein haben unsere Eltern. Sie geben uns in unseren frühen Lebensjahren ihre Verhaltensmuster mit, die wir als Kind genauso übernehmen. Viele Eltern versuchen in ihrem Kind all das zu verwirklichen, was sie selbst nie geschafft haben. Sie verlangen dem Kind zu viel ab und vergessen dabei oft, dass das Kind diesen Anforderungen weder physisch, emotional noch mental gewachsen ist. Dieses hat negative Auswirkungen auf das Selbstbewusstsein, da das Kind sich nicht in der Lage sieht, all die Ansprüche zu erfüllen.

Ängste sind die größten Hindernisse, was die Entwicklung eines starken Selbstbewusstseins angeht. Sie halten uns davor ab, Dinge zu tun, die uns wirklich weiterbringen. Sie hemmen uns, Veränderungen herbeizuführen. Dabei verpassen wir die Chance, zu lernen, dass das was zu Anfangs unüberwindbar und grässlich überwältigend scheint, im Endeffekt nur der harmlose Schatten einer ansonsten unbedeutenden Sache ist. Im Nachhinein stellst du dann oft fest, dass alles nicht mal halb so schlimm war, wie du es dir zuvor im Kopf ausgemalt hast. Meistens war es rückblickend dann gar keine große Sache mehr und du würdest am liebsten es gleich nochmal tun. Aber warum haben wir überhaupt Ängste und woher kommen diese? Was kannst du tun um diese zu überwinden und wie genau wird dein Selbstbewusstsein wiederaufgebaut?

Ich möchte dir zeigen, wie ich es geschafft habe und dich auf deiner persönlichen Reise begleiten. In diesem Ratgeber wirst du dich selbst herausfordern und an deine Grenzen stoßen. Gewohnte Muster und gängige Denkweisen verlassen. Abschied nehmen müssen. Lernen deine eigene Meinung zu vertreten. Aufstehen und ein selbstbestimmtes sowie selbstbewusstestes Leben leben.

Am Ende ist dieser Weg deine persönliche Entwicklung und Entscheidung. Es gibt keine bessere Investition als die in die eigene Person. Das Leben wird dir in einem ganz neuen

Licht erscheinen, wenn du deine Ängste überwunden hast und du endlich aufstehst, für dich selbst und für dein Leben!

In diesem Buch steckt nicht nur ganz viel Herzblut, sondern auch Tage und Nächte, die ich mit dem Verfassen der einzelnen, liebevoll gestalteten Zeilen verbracht habe. Ich kann es kaum glauben, dass ich es geschafft habe und würde so gerne wissen, wie es dir gefällt. Schau doch bei meinem Social-Media-Kanal vorbei und teile unter #mitjux all deine kleinen aber auch großen Erkenntnisse aus diesem Buch.

Ich freue mich, dass du dich für dieses Buch entschieden hast und hiermit bereits den ersten großen Schritt gegangen bist. Ich bin mit dir zusammen motiviert, etwas zu verändern. Jetzt wünsche ich dir wertvolle, unvergessliche Momente mit deinem neuen Begleiter.

Deine Xeni

Mein Geheimnis des Selbstwertgefühls

Du selbst bist der wichtigste Mensch in deinem Leben. Aus diesem Grund solltest du dich selbst auch am meisten wertschätzen und lieben. Leider kennen nur die wenigsten Menschen ihren wahren Wert und schätzen sich nicht selbst genug Wert. Doch, was ist der Wert überhaupt? Wie misst man den Wert eines Menschen? Kann man den Wert eines Menschen überhaupt messen? Wieso ist es so wichtig, seinen eigenen Wert zu erkennen und sich selbst wertzuschätzen? Wie kommt man dazu sich selbst wertzuschätzen?

Sicherlich kennst du das – du behandelst andere Menschen sehr viel besser als dich selbst. Du sagst zu dir selbst viel zu oft „Nein“, während sich das „Ja“, wie von alleine, auf deinen Lippen formt, wenn es um andere Menschen geht. Du behandelst andere Menschen sehr viel besser als dich selbst und denkst, es sei richtig so, da du es eh nicht verdient hast, ein schönes, glückliches und erfolgreiches Leben zu leben. Leider haben sehr viele Menschen diese Gedanken und gehen davon aus, einen geringen Wert zu haben. Anderen Menschen ist das Glück gegönnt, uns selbst gönnen wir jedoch nur selten was. Und selbst, wenn wir uns einmal etwas gönnen, machen wir das mit einem bitteren Beigeschmack und können es nicht voll und ganz genießen.

Wieso ist das so? Wieso schreiben wir anderen Menschen oder sogar leblosen Gegenständen so viel mehr Wert zu? Wieso machen wir uns selbst so klein und stellen uns in der Hierarchie der Werte auf eine so geringe Stufe?

Bevor wir uns auf die Reise zu dem wertvollen und zudem äußerst wichtigen Selbstwertgefühl machen, möchte ich dir kurz eine kleine Geschichte erzählen: Es war einmal ein Professor, welcher mit seinen Studenten in der Vorlesung saß und aktuell das Thema der „Wertschätzung“ mit ihnen behandelte. In dem Gespräch mit seinen Studenten konnte der Professor recht schnell erkennen, wie gering sich seine Studenten selbst wertschätzen und wie viel mehr Wert sie anderen Menschen oder gar anderen Gegenständen zuschreiben. Für den einen war das Telefon wichtiger als die eigene Gesundheit, für den anderen war es selbstverständlich, dass andere Menschen erfolgreich waren und er sich mit Mühe von einem Monat zum anderen hangelte und organisierte und für wieder andere war es ganz klar, dass sie überhaupt nichts erreichen konnten, weil sie eben sie sind und es für sie im Leben nicht vorgesehen ist, erfolgreich zu sein. Der Professor zögerte nicht lange, nahm seinen Geldbeutel zur Hand, holte einen 100-Euro-Schein aus diesem hervor und hielt ihn vor seinen Studenten in die Luft. In den fragenden Gesichtern seiner Studenten konnte er erkennen, dass sie mit dieser Aktion nichts anfangen konnten. Immer noch in ihre fragenden Gesichter blickend, fragte der Professor in die Runde, wer den 100-Euro-Schein gerne haben wollte. Alle Studenten rissen direkt ihre Arme in die Höhe. Der Professor hatte mit dieser Reaktion gerechnet, nahm den 100-Euro-Schein in eine Hand und zerknüllte ihn. Wiederum fragte er an seine Studenten gewandt, wer das Geld immer noch haben wollte, auch wenn es zerknittert war. Wieder gingen alle Hände in die Höhe und der Professor nickte. Schließlich nahm er den zerknitterten 100-Euro-Schein, schmiss ihn auf den Boden und trat mit seinen Füßen auf ihn drauf, so dass sich all der angesammelte Straßenschmutz unter seinen Sohlen auf dem 100-Euro-Schein absetzte und eine graue Staubschicht auf ihm hinterließ. Der Professor bückte sich, um das Geld aufzuheben und wiederholt in die Runde zu fragen, wer den 100-Euro-Schein immer noch haben wollte. Zum dritten Mal hoben alle Studenten im Raum die Hände in die Höhe. Erneut nickte der Professor, schaute sich im Vorlesungssaal um und wandte sich dann an seine Studenten. Er sagte: „In dieser Stunde haben wir gemeinsam eine sehr wichtige Lektion gelernt. Ihr alle wolltet, ohne Ausnahme, den neuen 100-Euro-Schein haben. Selbst, als er bereits ein paar Falten hatte, wolltet ihr ihn immer noch haben und sogar, als er schmutzig und abgenutzt war, habt ihr nicht gezögert, eure Hände in die Luft zu heben, als ich euch gefragt habe, wer den Schein immer noch haben möchte."

Die Studenten schauten ihren Professor fragend an und wussten nicht genau, was sie ihm sagen sollten, geschweige denn, worauf er hinaus möchte. Also fuhr der Professor fort: „Ihr alle kennt den Wert des Geldes. Dieser Schein besitzt einen Wert von 100 Euro und wird ihn auch nicht ändern. Ob er neu und unversehrt oder zerknittert und schmutzig ist – der Wert ändert sich nicht. Aus diesem Grund wolltet ihr den Schein nach wie vor haben. Stellt euch nun einmal vor ich hätte das mit einer Person und nicht mit einem 100-Euro-Schein gemacht. Wie hätte sich die Person gefühlt?" Es herrschte Stille im Raum und der Professor blickte immer noch in fragende Gesichter. „Es kommt vor, dass wir uns in unserem Leben zerknittert fühlen, oder das Gefühl haben zu Boden gefallen zu sein und nie wieder aufstehen zu können. Wir haben das Gefühl, der Dreck haftet, wie Pech, an uns und wir können ihn nie wieder abwaschen. Diese Situationen hat jeder Mensch schon einmal erlebt. Das Schlimmste an diesen Situationen ist die Wertlosigkeit, welche die Betroffenen in diesem Moment verspüren. Wir fühlen uns wertlos, wenn wir zerknittert und von Dreck übersäht auf dem Boden liegen. Wir haben das Gefühl, dass uns kein Mensch mehr will und wir sind die ersten, die sich dabei selbst aufgeben. Aber, wieso ist der Schein für euch auch zerknittert und dreckig noch so wertvoll? Wieso schreiben wir uns selbst so wenig Wert zu und erlauben es uns sogar uns selbst Wert abzuschreiben, wenn es uns nicht gut geht und, wenn wir eine unangenehme Situation durchleben? Wir sind – in einem gewissen Sinne – wie dieser 100-Euro-Schein. Wir können schmutzig werden, wir können zerknittern, doch wir verlieren nie unseren Wert. Was wir lernen müssen ist, uns selbst den Wert zuzuschreiben, bzw. den Wert in uns zu erkennen, welchen wir zweifelsfrei haben." Die Studenten schienen zu verstehen und der Professor schließ seinen Monolog mit den folgenden Worten ab: „Ganz egal wie dreckig und wie wertlos ihr euch fühlen mögt – erinnert euch in diesen Momenten immer daran, dass ihr einen unmessbaren und unglaublich großen Wert habt."

Und zu genau dieser wichtigen, wertvoll und lebensverändernden Erkenntnis möchte ich dir mit diesem Ratgeber verhelfen. Ich möchte, dass du am Ende dieses Buches, ganz egal an welcher Stelle du dich in deinem Leben befindest, mit welcher Situation du gerade zu kämpfen hast, welcher Herausforderung du dich stellen musst und wie verzweifelt du dich auch fühlst, in den Spiegel schaust und deinen unendlichen Wert erkennst, wahrnimmst und lebst. Du bist wertvoll. Du bist es dir Wert, glücklich, erfolgreich und glücklich zu sein. Ich möchte, dass du dir bewusst darüber wirst, dass nicht nur Geld immer denselben Wert besitzt, ganz egal, ob dieses einen Riss hat oder mit etwas Dreck versehen ist, sondern dass dein Wert ebenfalls immer derselbe bleibt. Ganz egal, was dir passiert, was Menschen mit dir machen und wie Menschen mit dir umgehen – die äußeren Umstände und die Menschen, welche dich umgeben bestimmen nicht deinen Wert. Wir Menschen neigen oft dazu unseren Wert über die materiellen Dinge zu bestimmen und ihn daran festzumachen, wie uns unsere Mitmenschen behandeln. Natürlich ist es schön, geliebt zu werden, in einem geborgenen und sicheren Umfeld aufzuwachsen und sich mit respektvollen und liebenden Menschen zu umgeben, um seinen eigenen Wert zu spüren, doch auch, wenn uns Menschen nicht mit Respekt begegnen, sollten wir uns immer darüber bewusst sein, dass wir wertvoll sind. Werden wir uns dessen nicht bewusst, nehmen wir automatisch an, dass wir es eh verdient haben, so behandelt zu werden, wie uns unsere Mitmenschen behandeln. Unsere geringe Wertschätzung hindert uns in diesem Fall daran, den Menschen und den Situationen den Rücken zuzukehren und das richtige Umfeld zu suchen und unsere Chancen zu erkennen und anschließend wahrzunehmen. Die Türen sind nie verschlossen, die Menschen sind nicht alle böse. Wir sind einfach viel zu oft davon überzeugt, dass wir es verdient haben uns in unserer jetzigen Situation zu befinden. Ich möchte dir dabei helfen, deinen Wert zu erkennen und dir mit der Wertschätzung dir selbst gegenüber den Schritt in die offenen Türen ermöglichen. Ich möchte, dass du erkennst, wie wertvoll, wie unbeschreiblich wertvoll du bist und wie sehr du es verdienst hast glücklich und erfolgreich in deinem Leben zu sein.

Was ist Selbstwertgefühl?

Den Wert eines Gegenstandes können wir einfach bestimmen. Wir wissen aufgrund bestimmter Maßstäbe, wie viel ein Auto ungefähr Wert ist oder wie viel Geld wir in etwa für all die Lebensmittel ausgeben werden, welche wir in unseren Einkaufswagen gelegt haben. Doch, wie sieht es mit dem Begriff des Selbstwertgefühls aus? Was ist unter diesem Begriff zu verstehen? Was heißt es, sich selbst wertzuschätzen? Warum ist das Selbstwertgefühl so wichtig im Leben und wieso denken wir von uns selbst so oft, dass wir nichts wert sind, nichts können und es somit auch nicht verdient haben, glücklich und erfolgreich zu sein?

Uns fällt es erstaunlicherweise sehr einfach, Dingen, sprich materiellen Gegenständen einen Wert zuzuschreiben. Oftmals behandeln wir in diesem Zusammenhang einen teuren Gegenstand deutlich besser als uns selbst und stellen ihn somit in der Prioritätenliste sehr viel höher, als wir das mit uns selbst machen. Warum machen wir uns selbst immer so klein? Wieso können wir unseren unbeschreiblich großen Wert nicht erkennen und schätzen materielle Dinge mehr wert als uns selbst? Bestimmt hast du schon oft von dem Selbstwertgefühl gehört und auch immer wieder von deinem Umfeld gesagt bekommen, dass du mehr an deinem Selbstwertgefühl arbeiten musst um endlich ein schönes und glückliches Leben führen zu können. In diesem Zusammenhang ist das jedoch leichter gesagt als getan und erfordert einiges an Arbeit. Arbeit, welche wir gemeinsam in diesem Buch angehen wollen.

Der erste Schritt besteht darin, dass wir uns einmal genauer ansehen, was genau unter dem Begriff des "Selbstwertgefühls" zu verstehen ist. Denn, bevor wir uns daranmachen, dein Selbstwertgefühl zu stärken, solltest du wissen, was unter diesem Begriff genau zu verstehen ist. Sei dir vor allem darüber bewusst, dass ich davon rede dein Selbstwertgefühl zu stärken – nicht deinen Wert zu vergrößern. Dein Wert ist immer derselbe. Du bist immer dasselbe Wert. Du verlierst nie an Wert, auch wenn du manchmal das Gefühl hast. Dein Wert bleibt immer unverändert. Der unendliche Wert, welchen du als Menschen hast, kann dir niemand nehmen. So, wie die Würde des Menschen unantastbar ist, ist es auch dein Selbstwert. Doch, wieso spreche ich davon, dass ich dir mit dem Buch helfen möchte, dein Selbstwertgefühl zu stärken? Ganz einfach aus dem Grund, weil ein großer Unterschied zwischen der Realität und der Wahrnehmung besteht. Dein Wert, welcher immer und zu jedem Zeitpunkt deines Lebens vorhanden und unverändert ist, bleibt immer derselbe. Es ist dein Gefühl, welches sich ändert und denkt, dass du an Wert verlierst oder an Wert gewinnst, wenn du bestimmte Dinge besitzt oder dich auf eine gewisse Art und Weise verhältst. Aus diesem Grund rede ich von dem Selbstwertgefühl und nicht von dem Selbstwert. Der Selbstwert an und für sich ist unantastbar und verändert sich nicht. Unser gemeinsames Ziel ist es mit diesem Buch, dass du dir dieses Wertes bewusstwirst und zu deinem Vorteil nutzt. Denn ein hohes Selbstwertgefühl bringt viele weitere positive Aspekte mit sich. Das Selbstwertgefühl steht in einem engen Zusammenhang mit der Selbstliebe, mit der Selbstakzeptanz, mit der Selbstfindung und somit mit einem glücklichen und erfolgreichen Leben.

Was macht das Selbstwertgefühl mit uns? Diese Frage lässt sich nicht mit einer einzigen pauschalen Aussage beantworten. Es kommt immer ganz darauf an, wie du dich selbst wahrnimmst und wie du deinen Wert bestimmst. Was die Situation mit dem Selbstwertgefühl so verwirrend macht, ist der Umstand, dass sich dieses immer wieder ändern zu scheint – je nachdem, wie es uns gerade geht, was wir besitzen, welchen Menschen wir begegnen und in welchem Zustand sich unser Gemüt befindet – wir erlauben den äußeren Faktoren viel zu oft und vor allem in einem vollkommen unangemessenen Maß, sich in unser Selbstwertgefühl einzumischen und uns somit indirekt zu beeinflussen. Die Kunst, welche ich dir in diesem Buch näherbringen möchte, ist es, den äußeren Umständen keine Macht mehr über dein Selbstwertgefühl zu geben. Viel zu oft vergleichen wir uns mit anderen Menschen, viel zu oft lenken wir den Fokus darauf, was wir nichts haben, anstatt uns der Dinge zu erfreuen, welche wir haben und, welche uns glücklich machen. Nicht selten geht mit einem geringen Selbstwertgefühl auch eine negative Einstellung einher. Die Negativität, welche sich in dein Unterbewusstsein auffrisst und dir immer und immer wieder bestätigt, dass dein geringes Selbstwertgefühl genau das ist, was du verdienst, trägt dazu bei, dass du dir immer weniger Wert zuschreibst, dich immer mehr in dich zurückziehst und dabei gar nicht erkennst, wie unglaublich wertvoll du bist.

Natürlich ist es nicht falsch, sondern im Gegenteil, recht erstrebenswert immer und immer wieder an sich zu arbeiten und zu prüfen, ob man im Leben schon etwas weitergekommen ist. Leider stellt sich genau dieser Umstand für Menschen, welche sich ihres Wertes noch nicht bewusstgeworden sind und diesen nicht als unanfechtbares

Gut ansehen, sondern über die äußeren Faktoren definieren, als gefährliche Falle heraus. Selten nehmen wir unser Vorbild, unsere Wünsche oder unsere Träume als Anreiz und viel zu oft nutzen wir diese, um uns selbst noch ein Stück weiter in den Boden zu rammen, uns noch eine Schaufel mehr Dreck über den Kopf zu schütten und unser Selbstwertgefühl auf der Skala immer weiter in den Minusbereich sinken zu lassen. Wir vergleichen uns mit den Idealen und statt uns selbst auf die Schulter zu klopfen und uns zuzugestehen, dass wir bereits großartige Schritte in die richtige Richtung gemacht haben, neigen wir dazu, uns selbst niederzumachen und klein zu reden, weil wir immer noch nicht am Ziel angekommen sind. Sind wir uns allerdings unseres Wertes bewusst, erkennen wir den großen Aufwand an Kraft, Nerven und Zeit, welche uns der wertvolle Fortschritt gekostet hat und nehmen wahr, wie stolz wir auf uns selbst sein dürfen. Wir erkennen, was wir Großartiges geleistet haben. In dem Falle eines ausbleibenden Erfolges machen wir uns nicht selbst nieder, sondern erkennen, dass auch Rückschläge zum Leben dazugehören und wir das nächste Mal einfach noch mehr Gas geben – keinesfalls zweifeln wir unseren Wert an.

Wie du siehst, hat das Selbstwertgefühl einen sehr großen Einfluss auf dein Leben und ist wichtig, um dir selbst deines Wertes bewusst zu werden, diesen wahrzunehmen und diesen auszuleben. Kennst du deinen Wert, nimmst du von Menschen, welchen diesen nicht respektieren und erkennen Abstand, hältst dich von Situationen fern, welche deinen Wert in Frage stellen wollen und schlägst automatisch die Wege ein, welche dir zu einem schönen, erfüllten und glücklichen Leben verhelfen.

Um dir die Wichtigkeit des Selbstwertgefühls noch ein Stück näher zu bringen, möchte ich den Begriff einmal im Detail aufbrechen. „Selbstwertgefühl" selbst, setzt sich aus drei Worten zusammen.

Der erste Bestandteil des Selbstwertgefühls ist das kleine, aber feine Wort „selbst". Doch, was steckt eigentlich hinter diesem kleinen und anfangs recht unscheinbaren Wort? Betrachtet man das Wort aus psychologischer Sicht, werden diesem viele unterschiedliche Bedeutungen zu Teil. Alle diese Bedeutungen spielen vor allem in Hinblick auf das Selbstwertgefühl eine bedeutende Rolle. „Selbst" ist das Wort, welches dich als Menschen beschreibt. Du selbst bist der Mensch, als autonom handelndes Wesen, welches über eine eigene Persönlichkeit und über eigene Gedanken verfügt. Du als „selbst" bist somit eine einzelne und eigenständige Person – ein Ganzes, welche als sie „selbst" existiert und somit auch als diese handelt. Interessant in dem Hinblick auf das „Selbst" ist jedoch die Unterscheidung zwischen dem „Ich“ und dem „Mich“. Beide dieser Worte sind auf dich als Person bezogen, haben aber jeweils eine andere Bedeutung. Sehen wir uns dabei erst einmal das „Ich“ an. Wenn von dem „Ich“ die Rede ist, sprechen wir von unserem inneren Beobachter. Sprich, du als Person bist das Ich. Du nimmst dich von Innen in einer bestimmten Art und Weise wahr, was als das „Ich“ definiert wird. Somit kann gesagt werden, dass das „Ich“ der Kern deines „Selbst“ ist. Dem „Ich“ gegenüber steht das „Mich“. Dieses steht in einem engen Zusammenhang mit dem „Ich“ da es die Art und Weise darstellt, wie du das „ich“ wahrnimmst. Das heißt, dass bei einigen Menschen ein durchaus großer Unterschied zwischen dem „Ich“ und dem „Mich“ bestehen kann. Wie du tatsächlich bist und wie du dich selbst wahrnimmst sind manchmal zwei vollkommen andere paar Schuhe. Das ist auch der Grund für den Umstand, dass sich viele Menschen auf die Suche nach sich selbst und somit nach ihrem wahren „Ich“ begeben. Das „Mich“ ist das „Selbst“, so wie du es von außen wahrnimmst. Spricht – es ist dein Selbstbild, welches du von dir selbst hast. Dabei basiert dieses Bild auf unterschiedlichen äußeren Faktoren, welche unter anderem dein Verhalten und auch deine Meinung beeinflussen können. Unser Wille spielt in dem Bezug auf das „Ich“ und das „Mich“ ebenfalls eine große und wichtige Rolle. Denn das „Ich“ repräsentiert den freien Willen, welchen wir Menschen in uns tragen. Natürlich sind wir in der Gesellschaft unterschiedlichen Meinungen und in der Regel auch verschiedenen Anforderungen ausgesetzt – das heißt aber nicht, dass wir uns von diesen beeinflussen lassen müssen. Wir können uns bewusst gegen den äußeren Druck hinwegsetzen und unseren freien Willen äußern, diesem nachgehen und entsprechend handeln. Das „Mich" steht hingegen für deine Charaktereigenschaften, deine Schwächen und Stärken, aber auch für deine Fähigkeiten und viele weitere Faktoren, welche zu deiner Identität dazugehören. Anders als das „Ich", welches der konstante Kern deines „Selbst" ist, verändert sich das „Mich" immer und immer wieder. Du lernst neue Dinge dazu, entwickelst neue Interessen und lernst neue Leute kennen, welche dich auf eine bestimmte Art und Weise beeinflussen. Das „Ich" verändert sich dadurch jedoch nicht. Ein zusammenfassender Blick auf die jeweilige Beschaffenheit des „Ich" und des „Mich" können wir festhalten, dass das „Ich" ist der Mensch ist, welcher du tief in deinem Inneren bist und das „Mich" die Vorstellung über den Menschen verkörpert, welcher du denkst zu sein.

In der Mitte des Wortes „Selbstwertgefühl" befindet sich das Wort „Wert". Was ein Wert ist, ist dir mit Sicherheit bewusst. Wir Menschen haben die Eigenschaft an uns, jeden und alles zu bewerten und uns somit das Recht herauszunehmen unserem Umfeld konstant einen Wert zuzuschreiben. Vor allem in dem Bezug auf die materiellen Dinge, wissen wir in der Regel recht gut, welchen Wert diese haben. Je teurer diese in ihrer Anschaffung sind, umso wertvoller sind sie. Doch, wie sieht das mit den Menschen aus? Wieso nehmen wir uns das Recht heraus, andere Menschen basierend auf materiellen Gütern oder aufgrund Verhaltensweisen zu bewerten? Einen anderen Menschen vollkommen wertfrei zu begegnen, sondern diesen als unglaublich wertvolles Wesen anzusehen und diesen so anzunehmen, wie er ist, ist ein Gut, welches vor allem in der heutigen Zeit selten ist. Umso wichtiger ist es, zu verstehen, dass du deinen Wert nicht messen kannst. Dein Wert ist unendlich groß und kann nicht anhand bestimmter Parameter gemessen und bestimmt werden.

Gefühle können eben auch manchmal täuschen. Und leider neigen wir Menschen dazu, den negativen Gefühlen deutlich mehr Gewicht zu geben als den positiven Gefühlen. Oftmals sind wir so von der Negativität eingenommen, welche sich zur Langzeitmiete in unserem Unterbewusstsein festgesetzt hat, dass wir es gar nicht mehr für möglich halten, dass uns etwas Positives geschehen kann. Dass wir es überhaupt verdient haben, etwas Positives zu erleben. Aus diesem Grund steht die Einstellung auch in einem direkten Zusammenhang mit deinem Selbstwertgefühl. Wer positiv eingestellt ist, ist sich seines Wertes in der Regel bewusst.

Negativ eingestellte Menschen haben Schwierigkeiten damit, ihren großen Wert zu erkennen und anzunehmen. Und die Einstellung – sei es positiv oder auch negativ – beeinflusst wie wir fühlen. Ob wir eine Situation als positiv oder als negativ empfinden hängt in erster Linie von uns selbst ab. Natürlich können wir uns ein unangenehmes Ereignis nicht rundum schönreden, doch wir können dennoch versuchen das Positive aus ihm zu ziehen. Wenn wir das schaffen und uns darüber bewusstwerden, dass unschöne Dinge eben passieren, sind wir uns unseres Wertes bewusst und wissen, dass nichts und niemand auf der Welt das Recht, geschweige denn die Macht hat, uns unseres Wertes zu berauben. Unser Ziel ist es, den positiven Gefühlen Raum zu schaffen, indem wir die negativen Gefühle verbannen. Unser Ziel ist es, deine Selbstwahrnehmung so zu stärken, dass du dir deines Wertes bewusstwirst und auch negativen Gedanken keine Macht darüber gibst, wie du deinen Wert wahrnimmst und lebst.

Wie du sehen kannst, setzt sich das eigentlich recht einfache Wort „Selbstwertgefühl“ aus drei kleinen Worten zusammen, hinter welchen jeweils eine große Bedeutung steckt. Eine Bedeutung, welche dir bereits zeigt, wie wichtig dein Selbstwert und das damit im Zusammenhang stehende Selbstwertgefühl ist. Das Selbstwertgefühl ist also, wenn wir all die drei Bedeutungen der drei Worte zusammenwürfeln und diese in einen Kontext setzen, die Bewertung deines Selbst, welche in Relation zu der Bewertung durch andere Personen steht. Das heißt, dass du dich über die anderen Menschen wahrnimmst und die Meinung der anderen mit deiner Meinung abwägst. Das Ergebnis dieses Vergleiches kannst du dann als Selbstwertgefühl bezeichnen. Je mehr du dich dabei von den Bewertungen der anderen Menschen beeinflussen lässt, umso größer ist die Gefahr, dass dein Selbstwertgefühl gering ist. Bist du dir deines Wertes jedoch vollkommen bewusst, können dich auch negative Menschen in deinem Umfeld nicht runterziehen geschweige denn dein Selbstwertgefühl auf irgendeine Art und Weise negativ beeinflussen. Doch, nun ist es natürlich eine berechtigte Frage, wieso wir uns so sehr von anderen Menschen in unserem Umfeld beeinflussen lassen, wenn es um uns selbst und unseren Wert geht. Die Antwort auf diese Frage liegt in der heutigen Gesellschaft, welche sich durch eine Kultur auszeichnet, in welcher wir nicht mehr uns selbst vertrauen, sondern uns anhand äußerer und oberflächlicher Bewertungen anderer definieren. Wir machen unseren Selbstwert und in diesem Zusammenhang unsere Selbstliebe und unseren Selbstrespekt nicht mehr von uns selbst und von unserem Bewusstsein, sondern von Bewertungen Fremder abhängig.

Im Vordergrund stehen dabei vor allem optische Merkmale, welche, wenn sie nicht dem Idealbild entsprechen, direkt als negativ bewertet werden. Folglich fühlen sich die Menschen weniger wertvoll als das hoch angepriesene und perfekte Idealbild. Und wieso? Weil es ihnen so von dem Umfeld vermittelt wird. Du bist nur etwas Wert, wenn du einem bestimmten Bild entsprichst – so will es die Gesellschaft. Auch die konstante Bewertung der eigenen Fähigkeiten, der Arbeit und der Handlungen trägt sehr stark dazu bei, dass wir uns als Menschen über diese definieren und somit auch unseren Wert an diesen Bewertungen festmachen. Wir schätzen uns selbst nicht mehr als ganzen Menschen wert und denken, dass wir uns die Wertschätzung anderer und unserer selbst erst erarbeiten müssen. Doch, ähnlich der Selbstliebe, ist es bei der Selbstwertschätzung so, dass du nicht von anderen Menschen verlangen kannst, dich wertzuschätzen, wenn du dich nicht als erstes bedingungslos wertschätzt.

Bist du dir deines eigenen Wertes nicht voll und ganz bewusst und schätzt du deinen Wert folglich nicht, führt das in der Regel dazu, dass du unter einem mangelnden Selbstbewusstsein leidest. Denn, wie du anhand des Begriffes bereits erkennen kannst, steht das „Selbstbewusstsein" dafür, dass du dir deiner selbst, folglich also auch deines Wertes bewusst bist. Ist dem nicht so, leidet dein Selbstbewusstsein darunter. Aus diesem Grund möchte ich dir mit diesem Ratgeber auch dabei helfen, ein gesundes und gutes Selbstbewusstsein aufzubauen. Dieses zeichnet sich unter anderem dadurch aus, dass du mit dir und deinem „Selbst" zufrieden bist. Du akzeptierst dich so, wie du bist – samt all deiner Schwächen und Stärken. Selbstverständlich schließt dies nicht aus, dass du an dir arbeitest und dich immer wieder neu entwickelst, doch die Motivation ist in diesem Fall eine andere. Du arbeitest nicht an dir, um mehr Wert zu gewinnen, sondern du arbeitest an dir, weil du dir deines Wertes bewusst bist und weißt, dass du es verdient hast, noch besser, noch erfolgreicher und noch glücklicher in deinem Leben zu sein. Erkennst du, worin der Unterschied besteht?

Menschen, welche ein gesundes Selbstbewusstsein haben, also ihren eigenen Wert kennen und sich folglich auch selbst wertschätzen, legen ihren Fokus nicht auf ihre Schwächen, sondern machen sich ihre Stärken zum Vorteil. Die Schwächen sehen sie weniger als negative Eigenschaft, sondern als Bereiche, an welchen sie arbeiten können, um sie in positive Merkmale zu verwandeln. Selbstbewusste Menschen wissen was sie Wert sind und begeben sich somit in die Unabhängigkeit – weg von der Bewertung anderer Menschen aus dem Umfeld. Sie definieren sich und ihren Wert weder über die Bewertungen der anderen Menschen noch über ihre Leistungen. Sie wissen, dass sie einen unschätzbaren Wert haben, welcher nicht unter einem Patzer auf der Arbeit oder einer schlechten Bewertung in der Uni basiert. Verfügst du über ein gesundes Selbstbewusstsein, arbeitest du besser, effizienter und vor allem fokussierter. Du lässt dich nicht so schnell von kleinen Hindernissen unterkriegen und bist nicht verunsichert, wenn eine Sache nicht auf Anhieb so klappt, wie du dir das zum Anfang vorgestellt hast. Viele Menschen machen dabei den Fehler das Selbstbewusstsein mit Überheblichkeit zu verwechseln. Dieses Vorurteil und diese Ansichtssache sind jedoch das Resultat der bereits erwähnten wertenden Gesellschaft, welche sich auf rein oberflächlichen Kriterien basiert. Durch die Tatsache, dass immer Menschen der Gesellschaft ihren Wert über die Bewertung anderer Menschen definieren, sehen sie es als überheblich an, wenn andere Menschen dieses Spiel nicht mitspielen, selbstbewusst agieren und sich ihres Wertes bewusst sind. Als selbstbewusster Mensch trifft dich ein blöder Spruch nicht annähernd so stark wie einen nicht selbstbewussten Menschen. In vielen Fällen ignorieren selbstbewusste Menschen dumme Kommentare schlicht und ergreifend und lassen diese nicht an sich herankommen. Verfügst du über ein geringes Selbstbewusstsein und folglich auch über ein geringes Selbstwertgefühl, wird dich ein gemeiner Spruch vermutlich kränken. Mit einem gesunden Selbstbewusstsein kannst du möglicherweise sogar über den Spruch lachen und stehst über diesen drüber. Schließlich weißt du, dass dieser nicht der Wahrheit entspricht. Du lässt dich nicht verunsichern und lässt dich nicht auch noch Tage später von deinen Gedanken plagen, welche weiterhin um diesen dummen Spruch herumkreisen.

Genauso verhält es sich mit Fehlern. Und jeder Mensch macht Fehler – kontinuierlich. Rufe dir das immer wieder in Gedanken – auch erfolgreiche und selbstbewusste Menschen machen Fehler. Der Unterschied besteht in dem Umgang mit den Fehlern. Du hast einen Fehler gemacht? Was Anderes hast du von dir auch nicht erwartet? Du kannst ja eh nichts. So würde zumindest ein Mensch reagieren, welcher unter einem geringen Selbstbewusstsein leidet. Ein selbstbewusster Mensch sieht seinen Fehler als Herausforderung an, an welcher er wachsen kann. Es ist menschlich, Fehler zu machen – im Grunde genommen wissen wir das alle, doch nicht immer handeln wir dementsprechend. Wir machen uns selbst nieder und ertränken uns in Vorwürfen und Selbstzweifeln.

Ein Missverständnis, welches nicht selten aufkommt, ist die Annahme, dass es sich bei dem Selbstwert und dem Selbstbewusstsein um ein und dieselbe Sache handelt. Allerdings ist dem nicht so, da mit diesen beiden Begriffen zwei vollkommen verschiedene Dinge gemeint sind. Natürlich sind diese miteinander verbunden und stehen somit auch in einem Zusammenhang, doch, wenn du dir diese beiden Begriffe im Einzelnen ansiehst, wirst du verstehen, dass das Selbstbewusstsein zwar von deinem Selbstwert abhängig ist, diesen aber nicht beeinflusst. Sprich – wenn du dir deines Wertes bewusst bist, bist du automatisch selbstbewusster und verhältst dich auch vollkommen anders. Im Umkehrschluss heißt das aber nicht, dass dein Wert sinkt, wenn du nur über ein geringes Selbstbewusstsein verfügst.

Du kennst es sicher – du bist unterwegs und an der Kasse bekommst du bereits Herzrasen bei dem Gedanken, dass du die Frage der Kassiererin danach, ob du mit Karte oder Bar zahlst, beantworten musst. Oder im Restaurant sind noch zwei Tische frei und du hättest gerne einen bestimmten Tisch – der Kellner führt dich aber genau zu dem Tisch, welchen du nicht wolltest. Statt den Mund zu öffnen, setzt du dich jedoch hin und siehst dabei zu, wie er das Paar, welches gerade durch die Tür kommt, zu dem Tisch führt, welchen du gerne für dich gehabt hättest. Hättest du mehr Selbstbewusstsein, wäre dir das nicht passiert. Du hättest den Kellner freundlich darum gebeten, dir den anderen Tisch zu geben und an der Kasse würdest du der Kassiererin freundlich ins Gesicht lächeln, während du ohne zittrige

Stimme auf ihre Frage reagierst. Doch wieso ist das so? Wieso strotzen einige Menschen nur so vor Selbstbewusstsein, während andere Menschen so sehr damit zu kämpfen haben, für sich selbst und für ihre Wünsche einzustehen? Wieso fällt es uns so schwer, den Mund aufzumachen, unsere Meinung zu sagen oder Missverständnisse aufzuklären? Ganz einfach – weil wir uns unseres Wertes nicht bewusst sind und aus diesem Grund denken, dass wir uns die schönen und angenehmen Dinge im Leben nicht verdient haben. Kennen wir unseren wahren Wert, wissen wir, dass wir nur das Beste verdient haben und für uns selbst einstehen müssen. Wir müssen uns nicht für uns selbst schämen, sondern können uns selbstbewusst für uns, unsere Wünsche und unsere Träume einsetzen. Das ist natürlich nicht mit Überheblichkeit und mit Egoismus zu verwechseln. Allerdings sind sich Menschen, welche sich ihres Wertes bewusst sind und somit ein gesundes Selbstwertgefühl haben, nicht nur ihres eigenen Wertes, sondern auch des Wertes der anderen Menschen bewusst. Sie wissen, dass jeder Mensch einen unmessbaren Wert besitzt, was automatisch zu einem empathischen Verhalten führt. Egoismus und Überheblichkeit haben mit dem Selbstwert nichts zu tun, sondern sind oft ein Resultat von Unsicherheit, welche sich als extremes Gegenteil manifestiert.

Doch, um nun wieder auf die Frage zurückzukommen, wieso einige Menschen über ein so großes Selbstbewusstsein verfügen, während andere Menschen das Gefühl haben das Selbstbewusstsein geht jeden Morgen mit ausgestreckter Zunge an ihnen vorbei und schreit „Du fängst mich eh nicht“, bevor es in seinen Turnschuhen davonsprintet? Es gibt diesbezüglich unterschiedliche Theorien, welche eng mit der Ursache für das Selbstwertgefühl zusammenhängen.

Viele Psychologen gehen davon aus, dass das Selbstwertgefühl bereits in den jungen Jahren eines Kindes geprägt wird. Sicherlich hören wir Menschen nie auf, die Einflüsse unserer Umwelt wahrzunehmen, doch Kinder haben die Eigenschaft, all ihre Impressionen und Erfahrungen in sich aufzusaugen und Ereignisse, welche sich rund um sie herum abspielen, auf sich selbst zu projizieren. Aus diesem Grund warnen Kinderpsychologen Eltern auch davor, Streitsituationen vor den Kindern auszutragen. Kinder machen sich selbst zum Sündenbock und denken, sie seien schuld an dem Streit. Auch, wenn es keinen offensichtlichen Anlass gibt, welcher die Kinder dazu veranlassen könnte, die Schuld bei sich selbst zu suchen, ist es wissenschaftlich und psychologisch bewiesen, dass Kinder dazu neigen, die Ursache bei sich zu suchen. Das gilt zwar nicht nur für die negativen Erfahrungen und Situationen, sondern auch für die positiven Erfahrungen, leider überwiegen in einigen Fällen jedoch die negativen Erfahrungen. Das heißt nun wiederum nicht, dass Eltern ihre Kinder in Watte packen und in eine Seifenblase einsperren sollen. Es ist durchaus richtig, dass ein Kind lernt, dass das Leben nicht immer nur schön und glücklich ist, sondern, dass es auch durchaus schwierige Situationen gibt, dennoch ist dabei immer wichtig, dass die Eltern sicherstellen, dass das Kind weiß, dass es nicht die Ursache für die Probleme ist. Um dies sicherstellen zu können, muss sich das Kind auf die feste, innige und intensive Bindung verlassen können, welche zwischen den Eltern und dem Kind besteht.

Die Bindung zwischen den Eltern und den Kindern hat einen sehr großen Einfluss auf die Wahrnehmung des Selbstwertes des Kindes. Bekommt ein Kind beispielsweise signalisiert, dass es nur liebenswert ist, wenn eine bestimmte Sache macht, auf die Eltern hört oder eine gute Note mit nach Hause bringt, fängt es an, sich über diese äußeren Dinge und Faktoren zu definieren. Aus diesem Grund ist es wichtig Kindern bedingungslose Liebe zu geben und sie diese auch oder, vor allem, in negativen Situationen spüren zu lassen. Nicht immer signalisieren die Eltern ihren Kindern, dass sie sie bedingungslos lieben, was unter anderem auch auf die hektische moderne Zeit zurückzuführen ist, in welcher die Menschen gestresst sind und oft keine Nerven mehr haben, vor allem, wenn sich das

Kind nach einem langen Arbeitstag im Supermarkt auf den Boden legt und wütend mit den Fäusten auf den Boden klopft. Während sich manch einer gerne danebenlegen und mitmachen würde, reagieren die Eltern, auf welchen die wertenden Blicke der anderen Menschen im Supermarkt legen, mehr gestresst als einfühlsam. Das Kind denkt, dass es etwas falsch macht, weil es seinen Gefühlen freien Lauf gelassen hat und wird von Mal zu Mal von diesen Gefühlen übermannt. Mit der Zeit passt es sich dann den Erwartungen an und versucht diese zu erfüllen, verliert sich selbst dabei aber aus den Augen. Fühlt sich ein Kind hingegen geliebt, angenommen, geborgen und akzeptiert, so wie es ist und ganz egal, was es macht, führt das dazu, dass es ein gesundes Selbstwertgefühl entwickelt. Es kennt seinen Wert, was schließlich auch zu einem guten und gesunden Selbstwertgefühl führt.

Wie du siehst – es ist verwirrend und es besteht nur ein sehr schmaler Grad zwischen der bedingungslosen Liebe und der Übertreibung. Einige Menschen verwechseln die Liebe mit dem Schenken materieller Dinge. Vor allem in der heutigen Zeit ist das leider kein seltenes Phänomen, sondern kommt sehr oft vor. Da die Eltern oft nur noch wenig Zeit für ihre Kinder haben, versuchen sie ihre Liebe über teure Geschenke oder tolle Ausflüge zu zeigen. Das ist nicht automatisch schlecht, doch, wenn diese Ausflüge und die materiellen Geschenke die Liebe ersetzen, wirkt sich das negativ auf die Entwicklung des Selbstwertgefühls des Kindes aus. Es entwickelt eine intensivere Bindung zu materiellen Dingen als zu werten, wie der Liebe, und fängt früher oder später an, sich über die materiellen Dinge zu definieren.

Kinder, welche nicht wahrgenommen werden, Kinder, welche um die Aufmerksamkeit ihrer Eltern förmlich betteln müssen und sich nicht bedingungslos geliebt fühlen, bekommen sehr schnell das Gefühl, nichts wert zu sein. Sie bekommen das Gefühl, dass sie bestimmte Dinge leisten müssen, um überhaupt von den Eltern wahrgenommen, geschweige denn geliebt zu werden. Auch, wenn sich der Wert des Kindes nicht anhand bestimmter Taten definiert, sondern unabhängig von seinen Leistungen und Taten immer derselbe ist. Genau dieses Gefühl müssen die Eltern ihren Kindern durch ihr Handeln vermitteln. Was sich ändert, ist die Auffassung des Kindes bezüglich seines Wertes. Und auch das Selbstbewusstsein hat direkt nichts mit dem Selbstwert zu tun. Während sich das Selbstbewusstsein auf der äußeren Ebene abspielt, geht der Selbstwert sehr viel tiefer. Der Selbstwert befindet sich im Kern eines jeden Menschen – im Kern des eigenen „Ich“. Das Selbstbewusstsein ist, wenn man es so sehen will, eine

Reaktion auf das Selbstwertgefühl, also darauf, wie du deinen Wert wahrnimmst und wie du dich wertschätzt.

Doch auch das ist nicht immer so. Du kannst nicht automatisch davon ausgehen, dass selbstbewusste Menschen über ein gesundes Selbstwertgefühl verfügen. Bei einigen Menschen ist das Selbstbewusstsein eine Hülle, welche sie sich umgelegt haben, um unter dem Druck der heutigen Gesellschaft und den konstanten Bewertungen der Menschen nicht kaputtzugehen. In diesem Fall ist das Selbstbewusstsein als sogenannter Handlungskomplex zu verstehen, welcher den Menschen ermöglicht, sich in dem täglichen Leben mit den anderen Menschen zu messen und ihr Leben in der heutigen Gesellschaft zu meistern.

Aus diesem Grund verfolgen wir gemeinsam das Ziel, ein gesundes Selbstwertgefühl zu entwickeln und als Resultat dessen ein gesundes und vor allem echtes und authentisches Selbstbewusstsein zu entwickeln.

Halten wir die neuen Erkenntnisse fest, können wir feststellen, dass der Selbstwert bereits von klein auf wahrgenommen wird. Kinder mögen klein in ihrer Statur sein, was aber nicht heißt, dass sie nicht groß in der Wahrnehmung der Gefühle in ihrem Umfeld sind.

Das Verhalten der Kinder ist jedoch auch bei Erwachsenen zu erkennen. Erwachsene, welche bereits ein geringes Selbstwertgefühl besitzen, neigen dazu, negative Ereignisse auf sich selbst zu projizieren und die Schuld bei sich selbst zu suchen. Dadurch entsteht eine sehr gefährliche Spirale, was deutlich schlimmer als der reine Teufelskreis ist. Denn die Spirale geht immer weiter nach unten, was bedeutet, dass der geringe Funken Selbstwertgefühl nach und nach immer kleiner wird und zu erlöschen droht.

Dass wir dazu neigen die negativen Gefühle und Situationen unseres Umfeldes auf uns zu übertragen, uns aber nie den Verdienst eines positiven Umstandes einzugestehen, steht in dem direkten Zusammenhang mit unserem Selbstwertgefühl. Wenn wir von uns selbst denken, dass wir nichts wert sind, können wir es uns selbst auch nicht eingestehen, wenn wir zu etwas Positivem beigetragen haben oder gar voll und ganz für ein positives Ereignis verantwortlich sein sollen. Das erschließt sich uns in unserem Kopf nicht und geht zugleich nicht mit dem geringen Wert konform, welchen wir uns selbst zuschreiben. Und unser Unterbewusstsein ist stets darauf bedacht, unser mangelndes Selbstwertgefühl immer weiter sinken zu lassen. Negativität zieht Negativität an. Das ist nicht einfach nur so ein kluger oder spiritueller Spruch, sondern es steckt tatsächlich etwas Wahres dahinter. Gehst du immer davon aus, dass du nichts Wert bist und somit auch nichts Schönes, geschweige denn Positives verdient hast, fressen sich diese Gedanken und die damit verbundenen Gefühle in dein Unterbewusstsein ein. Haben sich diese erst einmal in dein Unterbewusstsein gefressen, leisten sie dort volle Arbeit. Die Negativität stellt die positiven Gedanken in den Schatten und beeinflusst nicht nur dein Denken, sondern auch dein Handeln. Ein negatives Denken und auch ein negatives Handeln kann logischerweise nicht zu positiven Ergebnissen führen. Aus diesem Grund ist ein sehr wichtiger Schritt in die Richtung des gesunden Selbstwertgefühls der, dass du die Negativität aus deinem Inneren verbannst und diese durch positive Gedanken austauschst. Das mag nicht immer einfach sein und es wird auch Momente und Tage geben, an welchen du den Eindruck bekommst, dass es ein Ding der Unmöglichkeit ist, eine positive Einstellung zu entwickeln. Doch aus genau diesem Grund stehe ich dir mit diesem Ratgeber, spannenden und effektiven Tipps und Tricks beiseite und gehe mit dir zusammen den Weg hin zu einem gesunden Selbstwertgefühl.

Der Selbstwert an und für sich ist als konstanter und unmessbarer, unendlich großer Wert immer vorhanden. Uns fällt es schwer diesen Wert anzuerkennen und zu akzeptieren, dass nichts und niemand diesen ändern kann. Wir müssen lernen an unserer Einstellung zu arbeiten, welche wir uns selbst gegenüber haben. Wir müssen lernen unseren Blickwinkel zu ändern und uns endlich in dem Licht zu sehen, in welchem wir stehen: Dem hellen Licht, welches unseren unendlichen Selbstwert unterstreicht. Wir müssen den Lichtschalter finden, welcher den dunklen Raum erhellt, wir müssen den Optiker finden, welcher uns die richtige Brille aufsetzt, um unseren unscharfen Blick scharf zu stellen und unseren unendlichen Selbstwert zu erkennen. Das Selbstwertgefühl ist in einem gewissen Sinn ein Spiegel, welchen wir uns selbst vorhalten. Dabei handelt es sich aber um keinen normalen Spiegel, welcher in seinem Spiegelbild die Realität wiedergibt, sondern es handelt sich um einen verzerrten Spiegel, welcher die Realität verzogen und in einigen Fällen vollkommen schief und unrealistisch vorstellt. Kennst du die Spiegel, welche sich auf dem Jahrmarkt manchmal in den Labyrinthen befinden? Genau solche Spiegel meine ich – die Spiegel, in welchen dein Gesicht und dein gesamter Körper eine lustige und vollkommen unrealistische Form annehmen. Diese Spiegel stellen ein geringes Selbstwertgefühl dar. Du siehst deinen Wert nicht richtig. Du kannst ihn vielleicht anhand der Umrisse und der Haarfarbe, welche sich in dem Spiegel spiegelt erahnen, doch du kannst ihn nicht sehen. Anders ist das, wenn du in einen klaren Spiegel siehst, welcher dein Spiegelbild haargenau wiedergibt. In diesem Fall hast du einen guten Blick und kannst dich genau sehen.

Das Bild, welches du in deinem Spiegelbild siehst, sprich – der Wert, welchen du dir selbst zuschreibst – hat nicht nur einen sehr großen Einfluss darauf, wie du dich fühlst, sondern auch darauf, wie dein Umfeld auf dich reagiert. Erinnerst du dich? Negativität zieht Negativität an. Verfügst du über eine positive innere Einstellung, strahlst du diese automatisch auch nach außen aus. Genauso verhält es sich mit einer negativen Einstellung. Bist du in deinem Innern negativ eingestellt, strahlt sich dieses nach außen aus und macht dich für dein Umfeld deutlich unattraktiver. Die Abneigung, welche du durch dein Umfeld erfährst, überträgst du folglich auf dich und findest in ihr wieder einmal die Bestätigung dafür, dass deine Annahme richtig ist und du nichts Wert bist.

Das wiederum wirkt sich nicht nur auf deine Produktivität, sondern auch auf die Beziehung zu deinen Mitmenschen aus. Ein gemindertes Selbstwertgefühl beeinflusst unser Leben in vielen unterschiedlichen Bereichen und dringt, je nachdem wie wenig du dich wertschätzt, in unterschiedlich tiefe Ebenen unseres Lebens und unseres Verhaltens ein.
So beeinflusst das Selbstwertgefühl unter anderem unsere Auffassung darüber, ob wir uns von den Menschen in unserem Umfeld geliebt fühlen oder nicht. Auch unser Glück und unser Unglück hängt zu einem sehr großen Teil von

unserem Selbstwertgefühl ab. Nur, wenn wir uns unseres Wertes bewusst sind, sehen wir das Glück, welches uns umgibt, lassen es zu und erlauben es. Im Umkehrschluss erwarten wir mit einem geringen Selbstwertgefühl und unserer negativen Einstellung nichts anderes als Unglück, welches uns täglich zu wiederfahren scheint. Ein weiterer wichtiger Bereich, welcher stark von unserer Einstellung uns selbst gegenüber beeinflusst wird, sind unsere Beziehungen. Sind wir dazu in der Lage eine glückliche und harmonische Beziehung zu führen, wenn wir uns selbst keinen großen Wert zuschreiben? Mit dem Selbstwert verhält es sich ähnlich der Selbstliebe und der Liebe zu anderen Menschen. Wer von anderen Menschen geliebt werden möchte und andere Menschen aufrichtig lieben will, muss erst einmal lernen, sich selbst zu lieben. Und genau so ist es mit der Wertschätzung. Willst du einem Menschen, deinem Partner oder deiner Partnerin deine Wertschätzung zukommen lassen und dich von ihm oder ihr wertschätzen lassen, musst du erst einmal dazu in der Lage sein, deinen eigenen Wert zu erkennen, sprich: dich selbst wertzuschätzen.

Wer ein geringes Selbstwertgefühl hat, hat automatisch auch kein oder nur ein sehr geringes Selbstvertrauen. Das heißt, dass wir uns Dinge nicht zutrauen. Wir wissen eh, dass wir es zu nichts bringen und es wieder nur einmal versauen werden. Und damit verweigern wir uns selbst ein glückliches und befriedigendes Leben. Negative Gedanken, selbstabwertende Gedanken – wie auch immer man sie nennen mag – dieses geringe Maß an Selbstwertgefühl schädigt uns in dem tiefsten Kern unseres Seins. Wir überzeugen uns selbst davon, nichts wert zu sein. Kaum etwas ist toxischer und selbstzerstörerischer als diese Art der Gedanken. Das geht soweit, dass ein geringes Selbstwertgefühl nicht nur dafür sorgt, dass wir uns Erfahrungen und Erlebnisse und daraus resultierende Erfolge und Glücksmomente verwehren, sondern seelisch krank werden können. Viele seelische Probleme lassen sich unter anderem auf ein geringes Selbstwertgefühl zurückführen.

Um dir nur ein paar Beispiele darüber zu nennen, was ein geringes Selbstwertgefühl mit dir anstellen kann, möchte ich dir einige Resultate aufzählen. Menschen mit einem geringen Selbstwertgefühl:

Verspüren nicht nur schneller, sondern auch deutlich intensiver Aggressionen und Wut. Diese beiden negativen Gefühle richten sich dabei nicht zwangsläufig gegen das Umfeld, sondern in vielen Fällen gegen uns selbst. Wir sind sauer auf uns selbst, weil wir an das glauben, was wir uns selbst eingeredet haben. Wir glauben uns die Lüge nichts zu können und nichts wert zu sein und richten unsere Wut aus diesem Grund gegen uns selbst.

Sind schneller eifersüchtig oder neidisch auf Menschen aus dem Umfeld. Wir nehmen nicht wahr, dass wir genauso glücklich und genauso erfolgreich, wie die Menschen aus unserem Umfeld sein können. Da wir aber so davon überzeugt sind, nie ein solches erfülltes, erfolgreiches Leben zu leben, weil wir es schlicht und ergreifend nicht wert sind, reagieren wir auf Menschen, welche ein gesundes Selbstwertgefühl haben, nicht selten mit Eifersucht und Neid.

Leiden oft unter Ängsten. Die Ängste sind darauf zurückzuführen, dass du dir nichts zutraust und ständig von der Angst verfolgt wirst, etwas falsch zu machen und eine bestimmte Aufgabe zu verpatzen. Bevor du dich an die Aufgabe machst, weißt du bereits, dass du sie nicht zu der Befriedigung deines Auftraggebers verrichten wirst. Dein vermindertes Selbstwertgefühl sorgt dafür, dass du bereits so negativ an die Aufgabe herangehst, dass diese nur zu einem mangelhaften Ergebnis führen kann. So etwas ist auch unter der Bezeichnung einer sich selbst erfüllenden Prophezeiung zu verstehen.

Werden von Unsicherheiten geplagt und haben ständig etwas an sich selbst, an ihrem Verhalten und vor allem an ihrem Aussehen zu meckern. Die Nase ist zu groß oder zu klein, du bist zu dick oder zu dünn, deine Haare könnten heute schlimmer nicht sitzen und in der Hose siehst du aus, wie eine Bockwurst in der Pelle. Es gibt kaum etwas, was du an dir findest, was dir gefällt. Du hast immer und in jeder Situation etwas an dir auszusetzen und kannst dich oft gar nicht mehr an das letzte Kompliment erinnern, welches du dir selbst gemacht hast. Von Komplimenten anderer Außenstehender ganz zu Schweigen. Komplimente anzunehmen ist eine Sache, welche Menschen mit einem geringen Selbstwertgefühl sehr schwerfällt. Sie denken direkt, das Gegenüber spricht das Kompliment aus, damit man sich nicht so schlecht fühlt, während wir glauben, dass es nicht ernst gemeint ist.

Haben viele Hemmungen und schränken sich somit in vielen Bereichen ihres täglichen Lebens selbst ein. Wer ein geringes Selbstwertgefühl hat, handelt nicht frei, sondern schränkt sich erheblich in seinen Wünschen und Träumen ein.

Vergleichen sich selbst mit anderen Menschen. Der Vergleich mit anderen Menschen kann positiv sein, wenn du diesen als Ansporn nimmst, deine Träume und deine Ziele noch hartnäckiger zu verfolgen und nicht aufzugeben. Doch in dem Fall der Menschen, welche unter einem geringen Selbstwertgefühl leiden, zieht der Vergleich zu den anderen Menschen noch ein Stück weiter nach unten. Wir sehen nur die Dinge, die die anderen Menschen haben und lenken den Fokus darauf, was wir alles nicht haben, anstatt festzustellen, dass wir unseren Wünschen und Träumen schon ein Stück weitergekommen sind und stolz auf uns sein sollten.

Definieren sich über die Meinung anderer Menschen. Wenn wir selbst nicht viel oder gar nichts von uns halten, ist uns die Meinung der anderen Menschen umso wichtiger. Doch auch hier: wir glauben nur den negativen Aussagen und stehen positiven Komplimenten und Aussagen kritisch gegenüber. Gefährlich daran ist, dass jeder Mensch eine andere Auffassung von uns hat und wir auf jeden Menschen in unserem Umfeld einen anderen Eindruck machen. Definieren wir uns über die Reaktionen der anderen Menschen auf uns, fahren unsere Gefühle Achterbahn und wir sind noch verwirrter als zuvor. Bekommen wir ein Kompliment und schaffen wir es, dieses anzunehmen, fühlen wir uns gut und ein Funke positiven Verhaltens und Denkens macht sich in uns breit. Allerdings hält dieses Phänomen nur solange an, bis ein negativer Kommentar kommt und unser Selbstwertgefühl erneut in den Keller sinkt und sich von uns verabschiedet. Auf einmal fühlen wir uns klein und unscheinbar und machen uns vielleicht sogar lächerlich darüber, dass wir so blöd waren, einem positiven Kompliment zu glauben. Wir werden in einer gewissen Art und Weise zu einer Marionette in einem Puppentheater. Allerdings wechselt der Puppenspieler immer und immer wieder und macht mit uns und unseren Gefühlen, was er will. Nicht immer haben wir einen Einfluss darauf, welchen Menschen wir täglich begegnen wollen, sodass wir uns, wenn man es so sehen möchte, in die Hände wildfremder Menschen begeben. Da reicht ein genervter Blick eines Passagiers im Bus oder ein dummer Kommentar eines gestressten Passanten, um uns den Tag zu verderben und uns klein, wertlos und unscheinbar zu fühlen. Menschen mit einem geringen Selbstwertgefühl können Komplimente nicht nur nicht annehmen, sondern nutzen diese und kehren sie um, um sich selbst erneut zu demonstrieren, dass sie nichts wert sind. So ist die Hose, für welche wir gerade ein Kompliment bekommen haben nicht nur nicht ehrlich gemeint (zumindest will das unsere Wahrnehmung so), sondern die Hose ist auch noch alt und als wir sie gekauft haben, war sie total billig im Angebot. Du kannst also sehen, dass aus einem netten und ehrlich gemeinten Kompliment tausend Dinge und Gründe resultieren können, welche wir gegen uns selbst verwenden. Genauso falsch ist es für diese Menschen aber auch, wenn sie kein Kompliment bekommen. In diesem Fall sehen sie das Ausbleiben der Komplimente als Beweis dafür an, dass sie nichts wert sind und mit der schlechten Meinung, welche sie über sich selbst haben, im Recht liegen.

Aus den Folgen, welche ein vermindertes Selbstwertgefühl bei den Menschen provozieren kann, resultieren nicht selten sekundäre Probleme. Diese sekundären Probleme sind in diesem Zusammenhang die Probleme, welche aus den Folgen des geringen Selbstwertgefühls resultieren und somit auch in einem indirekten Zusammenhang mit diesem stehen.

Grenzt du dich selbst aus, hegst du dir selbst gegenüber Wut und verwehrst du dir selbst das Glück, die Unbeschwertheit und den Erfolg in deinem Leben, mündet das nicht selten in der eigenen Ausgrenzung und somit auch zu der Einsamkeit der Menschen. Einige Menschen greifen aus Frust und Einsamkeit auch oft zum Alkohol und verlieren schnell die Kontrolle. Sie füllen ihre innere Leere mit dem Alkohol und verspüren das Verlangen nach immer mehr. Nicht selten mündet dies in einem gefährlichen Alkoholismus, da viele Menschen versuchen ihre negativen Gedanken und ihr augenscheinlich aussichtsloses Leben in Alkohol zu ertränken.

Wie du sehen kannst, wirkt sich ein geringes und somit mangelndes Selbstwertgefühl durch und durch auf unterschiedliche Ebenen deines Lebens aus und beeinflusst dein Selbstbewusstsein in einem großen Ausmaß. Wärst du auch gerne Selbstbewusster? Würdest du gerne dein Leben in die Hand nehmen und für dich selbst einstehen? Denn, ist es nicht genau das, was selbstbewusste Menschen machen? Was unterscheidet die selbstbewussten Menschen von Menschen, welche mit einem geringen Selbstbewusstsein und folglich mit einem geringen Selbstwert zu kämpfen haben?

Ein wichtiger Stichpunkt in diesem Zusammenhang sind die „Schwächen“, auf welche sich vor allem Menschen mit einem geringen Selbstwertgefühl konzentrieren. Mit Sicherheit ist es nicht falsch, sich seiner Schwächen bewusst zu sein, doch, wenn du sie nutzt, um dich selbst niederzumachen und in ihnen die Bestätigung zu suchen, dass du nichts kannst und Recht in der Annahme gehst, nichts zu können und nichts wert zu sein, sind diese Schwächen eine Waffe. Eine Waffe, welche du im geladenen Zustand gegen dich selbst richtest.

Hast du schon einmal an einem Bewerbungsgespräch teilgenommen? Dann wurdest du bestimmt auch nach deinen Schwächen gefragt. In dem Moment, in welchem dir der Interviewer die Frage gestellt hat, hat sich in deinem Kopf eine ganze Datei mit unendlichen Ordnern geöffnet. Für jede Schwäche hast du einen eigenen Ordner, in welchem sich je einzelne Dokumente zu der jeweiligen Schwäche befinden. Doch, was sind die Schwächen eines Menschen überhaupt?

Das Wort „Schwäche“ bringt einen recht negativen Beigeschmack mit sich, was unter anderem darauf zurückzuführen ist, wie die Menschen, uns eingeschlossen, der heutigen Gesellschaft die Schwächen sehen und definieren. Schwächen werden zum Anlass genommen, andere Menschen negativ zu beurteilen und niederzumachen und uns selbst zu bestätigen, dass unser geringes Selbstwertgefühl angemessen und vollkommen gerechtfertigt ist.

Positiv eingestellte Menschen und somit Menschen, welche sich ihres Wertes bewusst sind und folglich auch über ein gesundes Selbstwertgefühl verfügen, sehen Schwächen in einem vollkommen anderen Licht und befreien sie von dem negativen Beigeschmack. Denn Schwächen sind, im Grunde genommen, nichts anderes als Dinge, an welchen du arbeiten kannst, um noch ein Stück besser zu werden und, um deinen Zielen noch ein Stück näher kommen zu können. Schwächen zeigen somit nur die Bereiche auf, in welchen Luft nach oben frei ist und somit noch Verbesserungspotenzial besteht. Nicht weiter bedeuten Schwächen. Es kommt auf uns, auf unsere Einstellung, auf unser Selbstwertgefühl und auf unser Selbstbewusstsein an, wie wir die Schwächen wahrnehmen, erleben und interpretieren. Wie wir die Schwächen einsetzen, ob wir ihnen einen positiven oder einen negativen Beigeschmack zuordnen, liegt ganz alleine in unserem Ermessen.

Betrachten wir die Eigenschaften der selbstbewussten Menschen und der Menschen mit einem geringen Selbstbewusstsein und setzten diese Gegenüber, können wir klare Unterschiede in der Einstellung und den Verhaltensweisen erkennen.

Selbstbewusste Menschen akzeptieren sich mit ihren Schwächen, sind sich dieser bewusst, schreiben ihnen zu derselben Zeit jedoch nicht allzu viel Gewicht zu. Vielmehr sehen sie die Schwächen als Motivation, weiter an sich zu arbeiten und sich weiterzuentwickeln.

Dem gegenüber stehen Menschen mit einem geringen Selbstbewusstsein. Oft sehen sie ihre Schwächen als negative Dinge und können/wollen sich nicht mit ihnen akzeptieren. Obwohl sie diese Schwächen nicht akzeptieren wollen, definieren sie sich über diese und blenden positive

Aspekte und Stärken vollkommen aus. Mit jeder erkannten Schwäche und mit jeder Situation, in welcher diese Schwächen zum Vorschein kommen, liefern sich Menschen mit einem geringen Selbstbewusstsein einen Beweis ihrer eigenen Wertlosigkeit und fühlen sich in der Annahme, nichts wert zu sein, bestätigt. Es gibt weitere Bereiche des Lebens und andere Verhaltensweisen, über welche sich selbstbewusste Menschen von Menschen, welche unter einem geringen Selbstbewusstsein leiden, unterscheiden.

Der Umgang mit der Kritik

Der Umgang mit der Kritik ist nicht immer einfach – vor allem dann, wenn es sich weniger um konstruktive, sondern mehr um verletzende Kritik handelt. Doch nicht nur der Umgang mit der Kritik selbst, sondern auch das eigene Ausüben an Kritik ist ein Bereich, welcher Menschen definiert. Während sich selbstbewusste Menschen auf sich und ihr Leben konzentrieren und selten Kritik an anderen Menschen ausüben (in diesem Fall handelt es sich zudem um konstruktive Kritik), üben Menschen mit einem geringen Selbstbewusstsein in aller erster Linie Kritik an sich selbst aus und neigen auch dazu ihr Umfeld zu kritisieren. Durch die Kritik an den anderen Menschen wollen wir uns besser fühlen und unser Selbstwertgefühl für einen kurzen Moment pushen.

Selbstbewusste Menschen handeln bewusst und sind sich ihrer Entscheidungen in der Regel sicher. Selbst, wenn sie den Sprung ins kalte Wasser wagen, sehen sie sich in der Verantwortung für sämtliche Resultate und suchen die Verantwortung somit nicht bei anderen Menschen. Menschen mit einem geringen Selbstbewusstsein gehen vollkommen anders an die Sache heran und denken oft, dass sich die ganze Welt gegen sie verschworen hat und es das Schicksal nicht gut mit ihnen meint. Dass sie selbst mit ihrem negativen Verhalten und ihren negativen Gedanken für ihren Status Quo verantwortlich sind, sehen sie nicht oder wollen sie, besser gesagt, nicht

Der Fortschritt und somit der Weg zum Erfolg erfolgt nur, wenn du dich aus deiner sicheren Komfortzone heraus begibst. Selbstbewusste Menschen gehen Risiken ein und springen auch Mal ins kalte Wasser. Sie wissen, was sie können, was sie Wert sind und, dass sie auch in kritischen Situationen eine Lösung finden werden. Natürlich ist es einfacher und augenscheinlich „sicherer“ sich in der eigenen Komfortzone aufzuhalten. So sehen das zumindest Menschen mit einem geringen Selbstbewusstsein. Für sie ist es deutlich leichter sich in der bequemen Komfortzone aufzuhalten. Allerdings kommen wir so auch nicht weiter. Das sehen wir aber nicht, sondern denken, die Risiken seien größer als die Chancen, wenn wir den Sprung ins kalte

Wasser wagen würden. Dass genau das Gegenteil der Fall ist, können wir nicht erkennen. Was in dem Vergleich zwischen den selbstbewussten und den nicht selbstbewussten Menschen auffällt, ist die Tatsache, dass sich selbstbewusste Menschen sehr viel mehr Dinge trauen zu scheinen. Sie scheinen mehr Mut und weniger Angst zu haben, was ein großer Vorteil in dem Zusammenhang mit dem Erfolg und dem Glück im Leben zu sein scheint. Doch, was ist Angst überhaupt? Wieso hat sie eine so große Macht über uns? Haben Menschen, welche über ein geringes Selbstwertgefühl verfügen mehr Angst als Menschen mit mehr Selbstbewusstsein und einem gesunden Selbstwertgefühl?

Angst ist, wie es bei den Schwächen der Fall ist, nicht immer ein automatisch negatives Gefühl, auch wenn es, vor allem in der heutigen Gesellschaft als dieses angesehen wird. Angst kann durchaus hilfreich sein und gehört zu dem natürlichen Überlebensinstinkt des Menschen dazu. Aus diesem Grund ist es nicht richtig, wenn wir Angst automatisch als negative Emotion betrachten. Doch vor allem Begriffe, wie zum Beispiel „Angsthase“ und ähnliche zeigen deutlich, wie die Gesellschaft Angst interpretiert. Wer Angst hat, ist schwach. Das stimmt so nicht. Ein gesundes Angstgefühl hilft uns in bedrohlichen Situationen eine Gefahr zu erkennen und uns vor dieser in Sicherheit zu bringen. Es gibt natürlich auch Menschen, welche eine ungerechtfertigte Angst verspüren und sich mit dieser selbst im Weg stehen. Die Angst ist eine Emotion, welche oft ein beklemmendes Gefühl in unserem Inneren provoziert. Wir fangen vielleicht an zu schwitzen, zu zittern, schwer zu atmen und uns beklemmt zu fühlen. Unser Körper wird von einem unangenehmen Gefühl erfüllt, welches den Kloß in unserem Hals immer weiter wachsen lässt, sodass wir das Gefühl haben an ihm zu ersticken. Angst kann aber auch ein Kribbeln in uns bewirken. Ein gespanntes Kribbeln, welches mit etwas Neugier gepaart in unserem Körper strömt und uns dazu auffordert das Risiko, trotz aller Zweifel und Ängste, zu wagen. Angst verleitet uns dazu Dinge zu machen, welche wir vielleicht nicht tun würden, wenn wir keine Angst hätten. So hat die Angst mehrere Seiten.

Die Angst hindert uns daran voreilige Entscheidungen zu treffen und einen realistischen Blick auf unsere Situation und unsere Aussichten zu werfen. Sie schützt uns in einem gewissen Sinne davor uns leichtsinnig in bestimmte Situationen zu stürzen.

Die Angst kann uns auch daran hindern Risiken einzugehen und zu wachsen. In diesem Fall stehen wir uns aber oft mit ungerechtfertigten Ängsten selbst im Weg. Und auch hier ist der Bezug zu dem Selbstwertgefühl zu machen. Wenn wir

uns nicht wertschätzen, denken wir automatisch, dass wir nichts können und somit auch nichts wert sind. Der Sprung ins kalte Wasser kann für uns nur schiefgehen und macht uns aus diesem Grund Angst.
Aus diesem Grund ist es wichtig, die Angst in ihren Facetten zu erkennen und zu unterscheiden. Ein natürliches Maß an Angst ist wichtig und richtig. Wird sie jedoch krankhaft und hindert uns daran, ein glückliches und unbeschwertes Leben zu führen und zu wachsen, ist die Angst kein positives Gefühl mehr, sondern äußert sich durch und durch negativ.
Die Angst ist ein Bestandteil des täglichen Lebens und ist in einigen Fällen an bestimmte Erfahrungen gebunden. Haben wir eine negative Erfahrung gemacht, haben wir Angst, uns erneut in das Gewässer zu begeben. Haben wir jedoch ein gesundes Selbstwertgefühl und ein daraus resultierendes Selbstbewusstsein und eine ebenfalls wichtige Selbstsicherheit, lassen wir uns von dieser Angst nicht abhalten, sondern nehmen diese vielmehr zum Anlass es das zweite Mal besser zu machen.

Angst erscheint nicht nur in einer bestimmten Form, sondern äußert sich in vielen unterschiedlichen Facetten. So haben einige Menschen Angst um ihre Liebsten und kommen nicht ehe zur Ruhe, bevor sie sie nicht unversehrt zu Hause wissen. Andere wiederum haben Angst davor alt zu werden und eines Tages zu sterben. Wieder andere haben Angst von den anderen Menschen verurteilt und kritisiert zu werden. Ebenfalls eine der vielen Facetten, welche Angst haben kann, ist die Angst davor die falsche Entscheidung zu treffen, was nicht selten dazu führt, dass wir Entscheidungen immer und immer weiter vor uns herschieben und der Entscheidungsfindung aus dem Weg gehen. Aber auch die Angst vor bestimmten Menschen, Tieren und Situationen ist eine Form, in welcher sich diese Emotion äußern kann. Der augenscheinlich negative Begriff der Angst bringt durchaus positive Aspekte mit sich. Es liegt an uns, wie wir diese aufnehmen und wahrnehmen. Angst ist nicht immer das böse und beängstigende Gefühl, welche uns das Leben schwermacht. Angst macht unterschiedliche Dinge mit uns und löst verschiedene Mechanismen in unserem Körper aus. Betrachten wir die Angst als positives Gefühl, kann sie uns nicht nur vor gefährlichen Situationen bewahren, sondern uns mit ihrer Anwesenheit auch dazu motivieren Dinge zu tun, welche wir ohne das Kitzeln der Angst nicht getan hätten.

Nehmen wir die Angst negativ auf und verschließen uns den positiven Aspekten dieses Gefühls, geben wir dieser zu viel Macht über uns und erlauben ihr uns daran zu hindern gewisse Dinge zu tun, welche uns im ersten Moment Angst machen. Somit hindert sie uns in diesem Zusammenhang daran, über uns selbst hinauszuwachsen. Unabhängig davon, ob uns Angst motiviert oder uns, im Gegenteil, von bestimmten Dingen abhält, ist es interessant zu wissen, wieso wir überhaupt Angst verspüren. Woher kommt das Gefühl, welches die Angst in unserem Inneren provoziert? In der Tat ist diese Frage nicht einfach und auch nicht pauschal zu beantworten. Denn für das Entstehen der Angst können die unterschiedlichsten Auslöser verantwortlich sein. Empfinden wir Angst in einem natürlichen Ausmaß und nicht krankhaft, steckt in der Regel der evolutionsbedingte Schutzmechanismus und der Drang nach dem Überleben hinter der Angst. Diese wird durch riskante Situationen provoziert. Unser Denken und auch unsere Erfahrungen spielen dabei eine große Rolle. So ist es unter anderem auch möglich, dass wir Angst vor Dingen haben, welche wir uns selbst eingeredet haben. So zum Beispiel die Angst davor, von unserem Umfeld kritisiert zu werden. Oftmals haben unsere Mitmenschen Besseres zu tun, als den ganzen Tag über uns zu reden und uns schlecht darzustellen. Vielmehr basieren derartige Ängste in vielen Fällen auf einem geringen Selbstwertgefühl. Doch nicht nur das Selbstwertgefühl kann Ängste beeinflussen – auch die Angst selbst hat die Macht dazu, das Selbstwertgefühl zu konditionieren.

Wir haben, im Grunde genommen, jeden Tag unseres Lebens mit Ängsten zu kämpfen. Nicht immer nehmen wir die Ängste automatisch als Ängste wahr, sondern in einigen Fällen äußern sich diese sehr viel subtiler. So kann auch ein kleiner Moment des Zögerns der Ursprung einer verdeckten Angst sein, mit welcher wir zu kämpfen haben oder, an welcher wir vielleicht gerade arbeiten. Doch, ganz egal, in welcher Form sie auftritt und wie stark sie sich bei uns präsentiert – die Angst verringert unser Selbstwertgefühl. Wieso ist das so? Wieso hat die Angst die Macht darüber, wie wir unseren eigenen Wert wahrnehmen und wie sehr wir uns selbst wertschätzen?

Die Antwort liegt auch hier wieder in den beiden Gegensätzen – der Negativität und der Positivität. Angst ist zwar per se kein negatives Gefühl, führt bei vielen Menschen jedoch zu negativen Gedanken und Gefühlen. Und diese negativen Gedanken und Handlungen wirken sich negativ auf unser Selbstwertgefühl und somit folglich auch auf unser Selbstbewusstsein und auf unser Selbstvertrauen aus. Die Angst lähmt uns in vielen Fällen und lässt Zweifel in uns aufkommen. Das bekannte „Was ist, wenn – Szenario“ macht sich in unserem Kopf breit. Dieses Szenario lähmt uns und lässt uns an uns selbst und an unseren Fähigkeiten Zweifeln. Diese Zweifel wiederum wirken sich alles andere als positiv auf unser Selbstwertgefühl aus. Angst kann viele Gesichter haben. Angst kann Angst machen. Angst kann Mut machen und

Angst kann dein Leben verändern – sowohl positiv als auch negativ. Wichtig ist für uns, eine gesunde und rationale Beziehung zu diesem Gefühl aufzubauen und es weder in die eine noch in die andere Richtung ausarten zu lassen. Wir müssen lernen mit diesem überwältigenden Gefühl umzugehen, um dieses in den jeweiligen Situationen richtig und zu unserem Vorteil ausnutzen zu können, um uns zu schützen oder über uns selbst hinauszuwachsen.

Innere Einflüsse des Selbstwertgefühls

Schon wieder war einer dieser Tage – draußen regnete es, es war kalt, meine Lieblings-Jeans war in der Wäsche und zu allem Überfluss war heute der Abgabetermin meiner Hausarbeit, an welcher ich bis spät in der Nacht gearbeitet habe. Ich beschloss mich noch einmal umzudrehen und etwas länger zu schlafen. Lust zum Schminken hatte ich eh nicht und ohne meine Lieblingsjeans fühlte ich mich sowieso nicht wohl. Mit tiefen Augenringen, einer Jogginghose und einem Pullover über meinem Pyjama-Oberteil saß ich also in der Vorlesung und fühlte mich wie ein kleines Häufchen Elend. Gestern war das noch anders. Wäre ich ein äußerer Beobachter, hätte ich mich gewundert, wer heute an der Stelle der perfekt gestylten und gut angezogenen Studentin in der Vorlesung sitzt. War ich mir selbst so wenig Wert, dass ich mich so gehen ließ? Gestern sah die Welt doch noch ganz anders aus.

Wie viel Wert du dir selbst zuschreibst, beschreibt vor allem dein Handeln am besten. Denn dein Handeln ist, im Grunde genommen, nichts anderes als die Reflektion deiner Selbstwahrnehmung und deines Selbstwertgefühls. Es ist dir mit Sicherheit schon einmal aufgefallen, dass du sehr viel mehr Lust hast dich zu schminken, dich schön anzuziehen und dir Zeit für deine Haare zu nehmen, wenn du gut drauf bist, wenn du dich gut mit dir und deiner selbst fühlst und du dich rundum wohlfühlst.

Genauso, wie du sicher diese positiven Momente bereits erlebt hast, kennst du bestimmt auch die schlechten Tage. Die Tage, an welchen einfach nichts funktionieren will. Die Tage, an welchen die Wolken die Sonne komplett bedecken und nicht einmal die Strahlen der Sonne genug Kraft haben, um Licht zu schaffen und der Blick aus dem Fenster den Anschein in dir erwecken lässt, dass es Nacht sei. An diesen Tagen wird es dir deutlich schwerer fallen, dich aus dem Bett zu erheben, um dich ins Bad zu stellen, dir die Zähne zu putzen, die Haare zu kämmen, dich zu schminken und dich anzuziehen. In diesem Fall wird der Lidstrich mal wieder wackelig, die Haare stehen, trotz der halben Flasche Haarspray von allen Seiten ab und die Lieblingshose lässt den kleinen Bauch über den Bund schwappen, sodass du dich noch unwohler fühlst, als du es eh schon tust. An diesen Tagen schätzt du dich selbst nicht sonderlich wert, was sich auf ein Handeln überträgt. Andernfalls würdest du mehr Spaß daran haben, dein schönes Äußeres noch schöner aussehen zu lassen und die positive Energie an alle Menschen, welchen du auf der Straße begegnest, zu übertragen.

Doch, wieso hat unser Handeln einen so großen Einfluss auf unser Selbstwertgefühl? Wieso gestehen wir unserem Handeln eine so große Macht über unsere Gefühlswelt und unserem Selbstwertgefühl bei? Wieso können wir nicht einfach immer positiv sein und uns von Grund auf wertschätzen? Stopp! Wir können. Wer hindert uns daran den Tag mit einem Lächeln, einer positiven Einstellung und der Freude am Leben zu starten? Niemand – außer wir selbst!

Einfach machen, hört sich zwar in der Theorie wirklich gut an, doch es bleibt weiterhin die Frage nach dem „Wie“ bestehen. Und, um dieser Frage eine Antwort zu geben und dir dazu zu verhelfen morgens aufzustehen und einfach zu machen, ist dieses Buch da. Bevor ich dir aber die wertvollen und hilfreichen Tipps für ein Leben mit mehr Selbstwertgefühl gebe, möchte ich mit dir über unsere

Handlungen sprechen. Sprechen wir über unseren täglichen Handlungen, welche sich inzwischen so sehr in unser Muster und in unseren täglichen Ablauf integriert haben, dass wir uns an ihnen orientieren. Wir haben uns so sehr an unsere Handlungen gewöhnt, dass wir es nicht wagen, aus unserer Komfortzone auszubrechen, um etwas Neues zu versuchen. Und, wenn sich dann doch einmal der Gedanke an etwas Neues in unseren Köpfen Platz schaffen sollte, sorgt unser gut unterrichtetes Unterbewusstsein dafür, dass wir ganz schnell wieder von dieser absurden Idee ablassen. Schließlich sind wir nicht gut genug, nicht schlau genug, nicht erfahren genug, nicht qualifiziert genug, um aus unserem Schatten hervorzutreten und endlich das Gefühl der warmen Sonnenstrahlen auf unserer Haut zu spüren.

Das ist ein vollkommen normaler Prozess und es ist ein weiterer Prozess zu lernen aus dem Schatten zu treten und die Herausforderungen anzunehmen. Stell dir einmal vor, du lebst für Jahre und Jahre in einer Wohnung oder in einem Haus, in welchem es weder Fenster noch Türen gibt, nur einen kleinen Eingang, welchen du nur öffnest, um dein Essen in Empfang zu nehmen – ansonsten ist alles um dich herum verschlossen. Die einzige Lichtquelle, welche dir Licht in deinem Leben spendet, ist das Licht der Lampe, welche an deiner Decke thront und die einzigen Menschen, mit welchen du Kontakt hast, sind deine Familie und deine

Freunde. Andere Menschen möchtest du nicht in dein Leben lassen – wie auch? In deiner kleinen und dunklen Wohnung ist viel zu wenig Platz und es ist viel zu dunkel, um sich genau in die Augen sehen zu können. Du sonderst dich immer mehr ab und hörst den ganzen Tag über deine schlechte Meinung, welche du über dich selbst hast. Du nährst dein Unterbewusstsein jeden Tag mit der Negativität, welche dein Selbstwertgefühl immer weiter sinken lässt. Du bist davon überzeugt nichts zu können und nichts wert zu sein. Eines Tages packt dich jedoch die Neugier und du beschließt dich, nach vielen Jahren endlich aus der Wohnung in die Welt zu begeben und in den Kontakt mit den Menschen zu treten, dich neuen Herausforderungen zu stellen und endlich glücklich zu sein. Also machst du es – du wagst den ersten Schritt aus deiner dunklen und kleinen Wohnung, in welcher nach und nach der Sauerstoff ausgeht, und gehst hinaus.

Und, wie ist das Gefühl? Nun wäre die Erwartung folgende: Du breitest lächelnd die Arme aus, führst einen Freudentanz auf und atmest tief durch, weil du endlich die Sonne auf deiner blassen Haut spürst und deine Lungen frischen Sauerstoff einatmen. Die Realität ist jedoch anders. Deine Augen verschließen sich zu dünnen Schlitzen, weil das viele Licht auf einmal in ihnen brennt – du bist es nicht mehr gewohnt die kräftigen Strahlen der Sonne in deinen Augen zu spüren. Der Sauerstoff wirkt eher überwältigend und du weißt gar nicht, wie du mit diesem umgehen solltest. Über die Jahre hast du dich so daran gewöhnt, mit wenig Sauerstoff auszukommen, dass dir die normale Luft zu viel erscheint. Und zu guter Letzt drohst du einen Sonnenbrand von der Sonne zu bekommen, welche auf deine weiße Haut scheint. Das ist nicht, was du erwartest hast. Das ist nicht, wie du es dir immer vorgestellt hast, wenn du endlich den Mut aufbringst und aus deinem Schatten hervortrittst. Und diese Erkenntnis ist frustrierend. Diese Erkenntnis tut weh und zieht uns runter. Die Lust darauf, uns wieder in unsere dunkle Wohnung zu verziehen wird immer präsenter und die Stimme in unserem Inneren lacht höhnisch, dass sie es uns ja die ganze Zeit über gesagt hat, dass wir zu nichts gut sind und den Schritt lieber nicht gewagt hätten.

Es ist nicht einfach zu lernen, dass man etwas wert ist, es ist nicht leicht zu akzeptieren, dass man Dinge verdient hat – dass man Chancen, Glück und Liebe verdient hat. Es ist nicht leicht, sich einzugestehen, dass die äußere Welt so positiv und hell ist, wenn wir uns über Jahre hinweg in einer dunklen Wohnung eingeschlossen haben. Der erste Schritt in die Umwelt, der erste Schritt in die Sonne mag schmerzhaft und ungewohnt sein, weshalb wir in diesem Buch auch Schritt für Schritt, immer weiter in die Richtung des wachsenden Selbstwertgefühls gehen werden, ohne uns zu überfordern. Extreme sind nie gut und können schnell überwältigend wirken. Aus diesem Grund ist es unser Ziel, mit einer Sonnenbrille, einem Sonnenhut und einem leichten langärmligen Shirt aus unserer dunklen Wohnung in die Außenwelt – hinein in das Sonnenlicht zu treten, um uns nicht von der Sonne blenden zu lassen und uns keinen Sonnenbrand zu holen. Nach und nach, wenn wir sicherer werden und uns immer mehr an das Licht der Sonne gewöhnen, sind wir immer mehr in der Lage, die Ärmel zunächst etwas hochzukrempeln und das langärmlige Shirt nach einiger Zeit zu einem kurzärmligen Shirt und zu guter Letzt zu einem Top zu wechseln. Auch die Sonnenbrille werden wir bald abnehmen können, sodass wir dabei zusehen können, wie unsere blasse Haut endlich wieder Farbe bekommt, unsere Augen wieder anfangen zu strahlen und wir endlich die Arme ausbreiten und unter dem Licht der warmen Sonne tanzen können. Und selbst, wenn Regentage die Sonne bedecken, haben wir genug Selbstwertgefühl und positive Energie, um uns nicht von dem Regen herunterziehen zu lassen. Denn, auch der Regen hat seinen Sinn und Zweck, welchen wir jedoch nur erkennen, wenn wir uns dessen bewusst sind und ihn, genau wie uns selbst wertschätzen. Der erste Schritt hin zu der Wertschätzung unserer Umwelt ist die Wertschätzung unserer selbst.

Ein Handlungsmuster, welches du mit Sicherheit kennst und auch bereits bei dir selbst feststellen konntest, ist es, von der Angst dominiert zu werden. Angst ist, genau wie Glück auch, eine sehr kräftige Macht. Wir haben es bereits im ersten Kapitel behandelt, indem wir darüber gesprochen haben, was Ängste überhaupt sind und, was sie in unserem Körper und folglich in unserem Leben anrichten können. Wir vergessen dabei immer wieder, dass das Glück eine genauso kräftige Macht ist und nehmen die Angst für sehr viel wichtiger. Das machen wir nicht, weil wir es mögen Angst zu haben, sondern, weil wir schlicht und ergreifend verdrängt haben wie es sich anfühlt wirklich glücklich zu sein und die Positivität zu spüren, welche sich immer weiter im Körper ausbreitet. Wir sind so sehr an die Angst gewöhnt, dass wir das Glück kaum mehr kennen und uns aus diesem Grund an dem Gefühl der Angst festklammern. So sehr uns dieses auch in unserem Handeln einschränkt und so viel Angst uns dieses auch macht – wir kennen die Angst und sind mit dieser vertraut. Wir kennen sie, leben jeden Tag mit ihr und halten aus diesem Grund an ihr fest. Das Glück und die Positivität hingegen scheinen in dem Verlaufe der Zeit ein Fremdwort geworden zu sein. Wir denken, die Sprache des Glücks nicht mehr zu beherrschen und diese verlernt zu haben. Was wir dabei vergessen ist, dass die Sprache der Positivität – die Sprache des Glücks und des Selbstwertgefühls eine universelle Sprache ist, welche wir von Grund auf beherrschen. Mit ihr verhält es sich in etwa so, wie mit einer Sprache, welche wir vor langer Zeit einmal gesprochen, für lange Jahre jedoch nicht praktiziert haben. Wir rosten in der Regel etwas ein, erinnern uns nicht mehr an alle Worte und haben möglicherweise Hemmungen zu sprechen. Doch, wenn wir die Sprache wieder hören, wenn wir ihr Raum in unserem Leben schaffen und uns willentlich für diese empfänglich machen, werden wir nach ein paar Tagen feststellen, dass wir verstehen, was die Menschen in der anderen Sprache sagen. Nach ein paar Wochen werden wir selbst anfangen zu sprechen und noch einige Zeit später werden wir das Gefühl haben, diese Sprache immer und ohne Unterbrechung gesprochen zu haben.

Und so ist es mit der Sprache des Selbstwertgefühls und der Sprache des Glücks – wir alle sprechen diese Sprache, praktizieren sie jedoch viel zu wenig. Wir vergraben sie unter unseren Ängsten, unseren Selbstvorwürfen und unseren Selbstzweifeln und geben ihr keine Chance in unsere Ohren zu gelangen, um sich Gehör zu verschaffen.

Kennst du das? Du bist dir nicht sicher, ob du einen Satz in der anderen Sprache richtig gesagt hast und gehst davon aus, dass er eh falsch ist? Du sagst ihn aber trotzdem und in der Tat ist der Satz richtig. Anstatt dich jedoch zu freuen und dir selbst etwas mehr zu vertrauen, schiebst du den

Erfolg auf das sogenannte „Anfängerglück“ und gehst davon aus, dass es der Zufall ab und an auch mal gut mit dir meint. Dass du die Sprache beherrschst und aus diesem Grund die richtige Antwort wusstest, hältst du nicht für möglich. Und selbst, wenn du Fehler machst – Fehler sind dazu da, um aus ihnen zu lernen. Sie sind dazu da, um noch besser zu werden und noch mehr Erfolg verzeichnen zu können. Fehler sind da, sie werden einmal gemacht und später nicht mehr wiederholt.

Unsere Angst, welche wir jeden Tag verspüren, sollten wir inzwischen so gut kennen, dass wir ihr Einhalt gebieten können, doch genau das Gegenteil ist der Fall. Wir nehmen an die Angst so gut zu kennen, dass wir sie eines Tages austricksen können, doch in Wahrheit kennen wir die Angst genauso gut, wie wir uns selbst kennen – und das ist erschreckend wenig. Wir kennen die Angst nicht, welche sich immer und immer wieder in neuen Facetten präsentiert. Wir kennen das beängstigende Gefühl, welches uns konditioniert, doch wir wissen nicht, in welcher Form sich die Angst das nächste Mal manifestieren wird. Aus diesem Grund hat diese eine so große Macht auf uns. Wir haben Angst davor Herausforderungen anzunehmen, weil wir bereits zum Anfang davon ausgehen, die falsche Entscheidung zu treffen. Was ist überhaupt eine falsche Entscheidung? Wieso haben wir eine so große Angst davor die falsche Entscheidung zu treffen? Eine Entscheidung ist eine Entscheidung. Wir haben immer mindestens zwei Auswahlmöglichkeiten, was jedoch nicht heißt, dass einer der beiden Entscheidungen automatisch falsch ist. Die einzige Entscheidung, welche wirklich falsch ist, ist die Entscheidung es nicht zu versuchen und das Selbstwertgefühl auf dem niedrigsten Level zu halten. Andernfalls gibt es kaum eine falsche Entscheidung. Wir wissen nie, was das Leben für uns bereithält. Eine augenscheinlich gute und sichere Entscheidung kann sich im Anschluss als falsch und negativ herausstellen. Das beste Beispiel ist hierfür unser eigenes Handeln.

Wir halten an unseren Mustern fest, kommen nicht aus unserer Schale heraus und wollen keine Herausforderungen annehmen. Wir haben viel zu viel Angst davor zu versagen. Aus diesem Grund ist die für uns beste Entscheidung – in unserem Auge – die Entscheidung, die Herausforderung nicht anzunehmen und an unseren alten Mustern festzuhalten. Wir sind inzwischen so gut darin, uns selbst davon zu überzeugen, dass alles gut und alles super so ist, wie es ist, dass wir uns unsere eigene Lüge immer noch abnehmen. Doch, tun wir das wirklich? Glauben wir uns? Können wir den Kopf mit der langen Nase, welche uns vor lauter Lügen uns selbst gegenüber gewachsen ist, überhaupt noch gerade halten, um uns selbst in den Spiegel zu sehen? Und, wenn wir den Spiegel sehen, sehen wir überhaupt uns selbst? Blicken wir nicht vielleicht in eine der vielen Masken, welche wir uns die Jahre hinweg aufgezogen haben, um unserem geringen Selbstwertgefühl das entsprechende optische Erscheinungsbild zu geben? Die Entscheidung an unseren alten Mustern festzuhalten ist in diesem Fall also augenscheinlich die beste und sicherste Entscheidung, auf den zweiten Blick werden wir jedoch feststellen, dass sie uns in der Spirale des Selbstwertgefühls immer weiter nach unten katapultiert hat. Das Ergebnis? Wir trauen uns noch weniger zu, schätzen und immer weniger wert und trauen uns gar nicht mehr daran den Gedanken zu Ende zu denken, wenn es um neue Herausforderungen geht. Wenn wir denken, dass wir nicht mehr tiefer fallen können, setzt die Angst vor dem Versagen – die Angst davor, die falsche Entscheidung zu treffen, noch eins drauf und lässt uns noch eine Stufe tiefer fallen.

Die Angst davor die falschen Entscheidungen zu treffen Konditioniert also auch unser Handeln. Die Angst resultiert in unserer defensiven Lebensweise. Diese defensive Lebensweise ist wie der Abwehrspieler in einem Fußballspiel. Bevor Menschen eine Entscheidung treffen, müssen sie sich selbst die wichtige Frage stellen, was sie eigentlich von dem Leben wollen. Welches Ziel möchte ich mit dem Treffen der Entscheidung erreichen? Was genau steckt hinter meiner Entscheidungsfindung? Welche Argumente wäge ich, bevor ich meine Entscheidung treffe? Das sind Fragen, welche du dir stellen solltest, bevor du eine Entscheidung triffst. Eigentlich gehört zu diesem Fragenkatalog eine weitere Frage dazu, welche lautet: Was kann im schlimmsten Fall passieren? Allerdings solltest du dir diese Frage erst stellen, wenn du bereits eine solide Basis an Selbstwertgefühl und Positivität aufgebaut hast. Denn, selbst, wenn sich deine getroffene Entscheidung nicht so manifestieren sollte, wie du dir das vorgestellt hat, findest du als selbstbewusster Mensch, welcher sich selbst wertschätzt, positive Aspekte in deiner Entscheidung. Du stehst als positiv eingestellter Mensch mit Selbstbewusstsein und Selbstwertgefühl hinter dir und deinen Entscheidungen. Du übernimmst Verantwortung für deine Handlungen und deine Entscheidungen, auch wenn etwas nicht so laufen sollte, wie sie sich das vorgestellt haben.

Alleine die Tatsache, sich diesem Fragenkatalog stellen und die Fragen in diesem Zusammenhang beantworten zu müssen, kostet viele Menschen eine enorm große Überwindung. Wenn wir kein Selbstwertgefühl haben, laufen wir mit diesen Fragen voller Wucht in eine Mauer. Wir sind bereits damit überfordert, eine Entscheidung treffen zu müssen und denken, dass wir nicht dazu in der Lage sind –

wie sollen wir dann eine Reihe von Fragen beantworten, wenn wir eh die falsche Entscheidung treffen werden? Du erkennst den Teufelskreis? Diesen Kreis gilt es zu durchbrechen. In diesem Fall ist das Fußballfeld dein Leben und der Ball, welchen sich die Spieler hin und her kicken, sind die positiven und die negativen Gedanken, bzw. dein Wille neue Herausforderungen anzunehmen und die Angst, welche dich davon abhält, die sich die bietenden Herausforderungen anzunehmen. Du bist der Trainer beider Fußballmannschaften. Nun einmal ganz von der Tatsache abgesehen, dass dies bei einem echten Fußballspiel und der Welt der Teams und Mannschaften nicht möglich wäre, trainierst du beide Fußballmannschaften. Das heißt, dass es voll und ganz in deiner Hand liegt, mit welcher Mannschaft du mehr trainierst, welcher Mannschaft du die Schwächen der anderen Mannschaft mitteilst und, zu wessen Gunsten du die Strategie ausarbeitest, mit welcher du die beiden Mannschaften anschließend in das Spiel schickst. Du entscheidest.

Der Ball, um welchen sich die beiden Mannschaften auf dem Spielfeld streiten und, welchen sie mit aller Macht versuchen, in das gegnerische Tor zu befördern, steht für die Positivität, das Glück und die Herausforderungen. Je mehr die positive Mannschaft versucht, den Ball in das Tor der Mannschaft „Angst“ zu schießen, umso dichter wird die

Abwehrkette, welche sich vor dem Tor bildet. Die Spieler bilden eine wahre Mauer, um dem Ball keine Chance zu geben in das Tor zu gelangen. Sie versuchen nicht einmal den Ball in das gegnerische Tor zu bringen. Sie sind nicht einmal aktiv an dem Spiel beteiligt. Denn das ist nicht das, was sie wollen. Sie bleiben auf der Stelle stehen, so wie du in deinem Leben auf der Stelle stehen bleibst und sind ausschließlich darauf konzentriert, den Ball daran zu hindern in das Tor zu gelangen. Die positive Mannschaft kann sich auf den Kopf stellen und die besten Spieler der Welt anheuern und wird dennoch nicht durch die große Blockade kommen, welche sich vor dem Tor der Mannschaft „Angst" gebildet hat. Früher oder später wird ein solches Verhalten zum Ausschluss der Mannschaft aus dem Turnier führen, was einen weiteren Abstieg für dein Selbstwertgefühl bedeutet.

Das heißt – du bist dafür verantwortlich, auf welche Mannschaft du dich konzentrierst. Du bist dafür verantwortlich der Mannschaft die Angst beizubringen, am Spiel teilzunehmen und sich nicht, wie eine Mauer, vor das Tor zu stellen und ausschließlich defensiv zu spielen. Es ist deine Verantwortung für ein ausgewogenes und spannendes Spiel zu sorgen. Denn, Angst ist, wie wir in dem ersten Kapitel behandelt haben, nicht per se schlecht. Ein gesundes Gefühl der Angst ist nie verkehrt, weshalb die

Mannschaft durchaus an dem Turnier deines Lebens teilnehmen können darf. Allerdings sollte sie den Regeln entsprechend spielen und du, als Trainer, solltest deine Kraft in die Mannschaft der Positivität stecken, damit diese den Ball endlich in das Tor des Gegners schießen und den Sieg mit nach Hause nehmen können. Es kann passieren, dass die Mannschaft der „Angst" ein Tor macht, doch das gehört dazu. Ein Tor seitens der Mannschaft „Angst" entscheidet noch lange nicht das Spiel, geschweige denn das gesamte Turnier.

Wir müssen lernen uns aus der Defensive zu begeben, auch wenn diese die sicherste Möglichkeit darstellt, uns selbst vor einem Tor der anderen Seite zu schützen, doch wir müssen erkennen, wie sehr wir uns selbst einschränken, wenn wir Herausforderungen und neue Situationen meiden, weil wir Angst haben, kläglich zu versagen.

Was ist es, was selbstbewusste Menschen, welche sich selbst genug Wert zuschreiben, anders machen? Wieso fällt es einigen Menschen augenscheinlich so einfach, eine Entscheidung zu treffen, ohne länger über diese nachdenken zu müssen? Was wir in diesem Zusammenhang verstehen müssen ist, dass auch selbstbewusste Menschen Zeit brauchen, um eine Entscheidung zu treffen. Davon abgesehen, dass es die

„richtige“ Entscheidung in dieser Form nicht gibt, wägen auch selbstbewusste Menschen die Argumente ab und überdenken ihre Entscheidungen, bevor sie schließlich eine Auswahl treffen. Was uns so vorkommt, als es den selbstbewussten Menschen unglaublich leichtfallen würde, eine Entscheidung zu treffen, ist in Wahrheit der Umstand, dass diese voll und ganz hinter ihrer Entscheidung stehen, sobald sie diese einmal getroffen haben. Aus diesem Grund erscheint es uns, als ob es ihnen unglaublich leicht fallen würde die Entscheidungen zu treffen.

Menschen, welche sich ihrer selbst sehr unsicher und sich ihres Wertes nicht bewusst sind, tun sich hingegen sehr schwer eine Entscheidung zu treffen, hinter welcher sie auch wirklich stehen können. Wer nicht weiß, was er will, kann auch keine Entscheidung treffen und, egal wie es ausgeht, hinter ihr stehen. Aus diesem Grund fallen wir oft in ein bekanntes Muster, welches selbstunsichere Menschen anwenden, bevor sie eine Entscheidung treffen. Selbstunsichere Menschen wollen sich gerne in einer Sicherheit wiegen. Dass es sich bei dieser Sicherheit in den meisten Fällen um eine augenscheinliche und keine echte Sicherheit handelt, sei in diesem Zusammenhang einmal außen vorgelassen. Fakt ist, dass unsichere Menschen, bevor sie eine Entscheidung treffen, zunächst die einzelnen Vorteile und Nachteile der jeweiligen zur Verfügung stehenden Optionen gegeneinander abwägen müssen. Man sollte meinen, dass dies ausreicht, um am Ende voll und ganz hinter der getroffenen Entscheidung zu stehen. Das ist jedoch leider nicht der Fall. Zwar treffen unsichere Menschen ihre Entscheidung, doch da sie sich ihrer selbst nicht sicher sind und an jedem Schachzug zweifeln, sind sie sich nie vollkommen sicher, ob die getroffene Entscheidung wirklich die richtige Entscheidung war. Sie überdenken die Entscheidungen immer und immer wieder. Sobald sich auch nur ein kleines Hindernis in den Weg steht, sehen sie die Entscheidung als falsch an und bedauern es, sich zuvor nicht für die andere Möglichkeit entschieden zu haben.

Selbstunsichere Menschen wollen unter keinem Umstand etwas falsch machen. Sie wollen auf jeden Fall und um jeden Preis verhindern, eine falsche Entscheidung zu treffen – was auch immer eine falsche Entscheidung sein mag. Und, obwohl sie selbst ihre Ziele nicht klar definieren können und folglich auch nicht wissen, was sie genau wollen, wollen sie nichts falsch machen. Was sich im ersten Moment etwas paradox anhört ist der Grundsatz, an welchen wir uns klammern. Wir klammern uns an die angebliche Sicherheit, verfolgen diese immer und immer wieder und fühlen uns auf der sicheren Seite, wenn wir eine Entscheidung treffen, welche unserer Sicherheitsvorstellung entspricht. Wir sind, sozusagen, auf der Suche nach der Perfektion, welche wir durch die Sicherheit unserer Entscheidung erreichen wollen. Wir wollen sicher sein, dass uns mit der getroffenen Entscheidung nichts passieren kann. Wir wollen uns sicher darüber sein, dass wir die richtige Entscheidung getroffen haben und mit dieser genau wissen, was wir erreichen können, da wir uns in unserer Komfortzone bewegen. Doch, das Leben ist nicht perfekt – schon gar nicht, wenn wir unseren eigenen Wert nicht wertschätzen, uns nicht selbst herausfordern und immer und immer wieder über uns hinauswachsen. Die Suche nach der augenscheinlichen Perfektion kann sich sehr schnell gegen uns selbst wenden und uns in der Spirale des sinkenden Selbstwertgefühls immer weiter nach unten sinken lassen.

Dabei ist das, was wir mit unserer Art und Weise der Entscheidungsfindung erreichen wollen, im Grunde genommen, nichts anderes als ein Schutzmechanismus. Durch die Art und Weise auf welche wir unsere Entscheidungen treffen, denken wir, alles perfekt und nichts falsch zu machen. Doch, was genau ist „perfekt"? Wann ist eine Entscheidung perfekt? Ist sie nur unter dem Umstand perfekt, dass alles glatt geht? Ist sie nur dann perfekt, wenn wir voraussehen können, wie der Prozess nach der Entscheidungsfindung abläuft? Oder wäre die Entscheidung nicht vielleicht sehr viel perfekter, wenn wir uns einer Herausforderung stellen würden? Ist es überhaupt erstrebenswert nach der Perfektion zu suchen und eine augenscheinlich perfekte Entscheidung zu treffen?

Perfekt. Perfekt sein bedeutet, alles richtig gemacht zu haben, oder? Eine perfekte Entscheidung ist die Entscheidung, welche uns zu dem gewünschten Ergebnis bringt, oder? Doch, wer sagt, dass uns eine augenscheinlich nicht perfekte Entscheidung nicht auch zu dem gewünschten Ergebnis oder vielleicht sogar zu einem deutlich besseren Ergebnis bringen kann? Wer definiert, wann ein Ergebnis oder ein Prozess perfekt ist? Kein Mensch ist perfekt. Auch die Menschen, welche ein augenscheinlich perfektes Leben leben, sind nicht perfekt. Jeder Mensch hat seine Höhen und Tiefen, jeder Mensch hat gute und schlechte Tage und jeder Mensch hat Erfolge und Niederschläge. Die Frage ist, wie wir mit diesen umgehen. Der Mensch, der augenscheinlich keine Niederschläge einstecken muss, hat vielleicht gerade eine Hiobsbotschaft erhalten, kennt jedoch seinen Wert und ist selbstbewusst und positiv genug, um diesen Niederschlag nicht auf das eigene Leben zu übertragen. Er macht sich nicht für den Niederschlag verantwortlich und versucht das Beste aus diesem mitzunehmen. Auch, wenn ein Niederschlag auf den ersten Blick nichts Positives mit sich bringt, kann aus jeder Situation etwas gelernt werden. Und alleine dieser Lernprozess stellt eine große und unglaublich wertvolle Bereicherung für das eigene Leben dar.

Oft steckt hinter dem Streben nach der Perfektion eine Angst. Die Angst vor dem Versagen. Die Angst vor dem Scheitern. Die Angst davor, zum wiederholten Male die Bestätigung zu bekommen, nichts zu können und nichts wert zu sein. Diese Angst treibt die Menschen oft dazu, nach der inexistenten Perfektion zu suchen. Und nochmal: die Perfektion gibt es nicht. Nichts und niemand ist perfekt. Jeder Mensch hat Stärken und Schwächen. Es liegt in unserem Ermessen, wie wir unser Können und unser Scheitern interpretieren. Es liegt an uns, ob wir unser Schwächen negativ ansehen oder, ob wir diese als Ansporn nehmen, es das nächste Mal besser zu machen. Es ist, wie man so schön sagt, eine Frage der Interpretation. Lernen wir, aus unseren Fehlern zu lernen und diese nicht als Basis nutzen, um uns selbst klein zu machen, bereichern wir unser Leben ungemein.

Nach Perfektion zu streben ist nicht nur unrealistisch, sondern kann unter Umständen auch sehr gefährlich sein. Wer nach der Perfektion strebt, sieht alle anderen Fortschritte, welche dem Bild der Perfektion nicht entsprechen und somit nicht gerecht werden, nicht mehr. Menschen, welche die Perfektion sehen, sind nicht dazu in der Lage kleine Schritte zu sehen und zu feiern. Dabei ist jeder noch so kleine Schritt nach vorne ein Grund zum Feiern. Ein kleiner Schritt in die Richtung des Erfolgs ist ein Grund glücklich und zufrieden zu sein. Noch fataler ist die Tatsache, dass die Perfektion nicht existiert und die Menschen, welche auf der vergeblichen Suche nach ihr sind, niemals zufrieden sein werden. Sie werden immer etwas finden, was besser gemacht werden muss. Es wird immer die eigene Schuld sein, was folglich zu einem immer weiteren Absinken des Selbstwertgefühls führt.

Wie findet man also die richtige Entscheidung? Wie lernen wir, für uns und nicht gegen uns zu handeln? Der erste Schritt besteht darin, dass wir lernen und uns selbst eingestehen, dass wir nicht für uns handeln, wenn wir uns für die einfache Option entscheiden und Herausforderungen aus dem Weg gehen. Wir geben uns mit dieser Entscheidung lediglich einen weiteren Beweis dafür, dass wir nichts können, uns nichts zutrauen und es nicht Wert sind den Erfolg der anderen Möglichkeit zu erleben. Wir nähren unser negativ eingestelltes Unterbewusstsein immer mehr mit unseren augenscheinlich gut getroffenen Entscheidungen zu unserem eigenen Schutz immer mehr.
Das heißt nun nicht, dass wir uns unbewusst in Herausforderungen stürzen und uns maßlos überschätzen sollten. Wie schon gesagt – es handelt sich auch hier um

einen Lernprozess. So, wie wir über die Jahre hinweg an unserer negativen Einstellung uns und unseres Wertes gegenüber gearbeitet haben, müssen wir auch über einen längeren Zeitraum hinweg an unserer positiven Einstellung arbeiten. Die positive Einstellung zum Leben und zu uns selbst wird uns endlich die offenstehenden Türen sehen lassen, welche nicht mehr nur ein verschwommenes Mysterium sind, sondern eine wahre Option für uns darstellen und uns zum wohlverdienten Erfolg führen.

Für dich ist es wichtig, dir darüber bewusst zu werden, dass es weder die vollkommen und absolut sichere noch die perfekte Entscheidung gibt. Es gibt Optionen und Möglichkeiten. Es gibt Schwächen und Stärken und es gibt Ziele. Basierend auf diesen Faktoren solltest du deine Entscheidungen treffen, hinter welchen du vollkommen stehen kannst. Es ist nicht wichtig perfekt zu sein. Es ist wichtig, dass du mit dir und deinen getroffenen Entscheidungen voll und ganz im Reinen bist, diese vor dir rechtfertigen kannst und damit zurechtkommst, wenn dir auf dem Weg zu dem Erreichen des Ziels ein Hindernis über den Weg läuft. Machen wir es, Schritt für Schritt, den selbstbewussten Menschen nach.

Selbstbewusste Menschen treffen Entscheidungen auf einer ganz anderen Basis als wir das tun. Selbstbewusste

Menschen kennen sich und ihre Fähigkeiten. Sie vertrauen auf sich und auf ihr Können. Sie wissen, dass sie es verdient haben einen Erfolg zu verzeichnen und, dass sie nicht nur der Aufgabe selbst, sondern auch möglichen Hindernissen gewachsen sind und diese mit Arbeit und Hingabe überwinden können. Es ist natürlich sehr viel einfacher sich auf den breitgetrampelten Pfad zu begeben, welchen wir seit Jahren, Tag für Tag, immer wieder begehen, als uns einen vollkommen neuen Pfad zu trampeln, doch, was bleibt uns hinterher? Ein platter Pfad, welcher von dem vielen Hin-, und Herlaufen sogar einige tiefere Stellen bildet, welche uns dann auf dem so sicheren Pfad zur Stolperfalle werden. Unser eigener täglich begangener und plattgetrampelter Pfad richtet sich gegen uns und bringt uns zum Fallen. Ziehen wir uns jedoch das richtige Schuhwerk an, vertrauen uns selbst und werden uns unseres Wertes bewusst, können wir uns unseren eigenen Pfad trampeln und auf diesem zu unserem Ziel gelangen. Wir müssen lernen die Angst vor dem Scheitern zu besiegen und diese nicht mehr die Führung übernehmen zu lassen. Ein Handeln aus Angst ist in der Regel kein gutes Handeln. Wer aus Angst handelt, neigt oft zu extremen Handlungen und Entscheidungen. Das ist gut, wenn wir uns in Lebensgefahr befinden und aus Angst schneller rennen als wir uns das je hätten träumen lassen oder eine andere Reaktion haben, welche uns aus der Gefahrensituation befördert, ist zu derselben Zeit jedoch keine gute Voraussetzung, um eine gute Entscheidung treffen zu können. Schaffen wir es, die Angst nicht mehr als treibende Kraft in unser Leben zu lassen und uns stattdessen auf unsere Stärken, unser Wissen und unseren Wert konzentrieren, werden wir feststellen, wie viel glücklicher, zufriedener und selbstbewusster wir werden können.

Finde zu dir selbst

Dir deiner selbst und deines Wertes bewusst zu werden und diesen wertzuschätzen, klingt in der Praxis recht plausibel und auch nicht weiter schwer. Es scheint einfach zu sein. Wir legen einfach all unseren negativen Gedanken beiseite, fokussieren uns auf das Positive im Leben, erschaffen uns selbst ein Ritual - ein Motto - , welches wir jeden Tag rauf und runterbeten, um uns selbst mit Positivität zu erfüllen und schon werden wir glücklichere und erfolgreichere Menschen, welche sich ihres Wertes voll und ganz bewusst sind und nur so vor Selbstbewusstsein strotzen. Das wäre jedoch zu schön, um wahr zu sein. Hinter der Entwicklung des Selbstwertgefühls steckt viel intensive Arbeit, welche Zeit und Geduld braucht. Wir müssen geduldig mit uns selbst sein und den ersten Schritt in die richtige Richtung wagen. Der erste Schritt zu der Entwicklung unseres Selbstbewusstseins ist der Schritt zu uns selbst.

Stell dir einmal vor, ein fremder Mann oder eine fremde Frau kommt auf dich zu und hält dir einen Gegenstand unter die Nase. Du siehst, dass es sich um einen augenscheinlich wertvollen Gegenstand handelt, da du einen ähnlichen Gegenstand bereits schon einmal gesehen hast, doch du weißt nicht einmal was der Gegenstand darstellen soll, geschweige denn, wie viel dieser Wert ist. Dennoch fragt dich der fremde Mann oder die fremde Frau nach dem Wert des Gegenstandes. Nun stehst du da und weißt nicht, was du sagen sollst. Es kann sein, dass du einen Gegenstand in dem Wert von mehreren Millionen Euro in der Hand hältst, so wie es genauso gut sein kann, dass er gerade einmal 10 Euro wert ist. Du weißt es nicht. Du weißt nicht, was du in den Händen hältst und, selbst wenn du es wüsstest, bist du kein Experte, welcher den Wert des Gegenstandes zuverlässig bestimmen kann.

Um den Wert bestimmen zu können, musst du ihn kennen. Du musst seine Substanz, seine Beschaffenheit kennen und möglicherweise auch mit seinem Kontext vertraut sein. Im Grunde genommen ist das, wie mit deinem Wert. Wie willst du dazu in der Lage seinen deinen unschätzbaren und unendlichen Wert zu erkennen und wahrzunehmen, wenn du nicht weißt, wer du bist? Wenn du dich selbst nicht kennst, kannst du dir deines Wertes nicht bewusst werden und du kannst deinen Wert auch nicht schätzen. Aus diesem

Grund stehen die beiden Bereiche – die Selbstfindung und die Entwicklung des Selbstwertes – in einem sehr großen und direkten Zusammenhang. Sie sind, wenn wir es so sehen wollen, abhängig voneinander und brauchen sich. Wenn du dich einmal vor den Spiegel stellst und dich betrachtest – was siehst du? Siehst du dich oder siehst du eine Maske? Bist du die Person, welche dich über den Spiegel anschaut, oder handelt es sich um eine Maske, welche dich durch den Spiegel anstarrt? Nicht selten ziehen Menschen in der heutigen Gesellschaft nicht nur eine, sondern mehrere Masken auf, um sich selbst zu schützen. Wer bist du? Was gefällt dir? Welche Stärken hast du? Was macht dich und deine Persönlichkeit aus? Weißt du, wer du bist? Viele Fragen und vermutlich eine einzige Antwort: „Ich weiß es nicht." Eine weitere Frage: „Weißt du es wirklich nicht oder liegt die Antwort vielleicht tief vergraben hinter all den Masken und Schutzmauern, welche du die Jahre hinweg aufgebaut hast?" Menschen, welche ein Problem damit haben, sich selbst, mit ihrer Persönlichkeit, ihren Stärken und ihren Schwächen zu definieren, machen dies nicht einfach ohne Grund. Wir wachen nicht eines Morgens auf und sagen uns: „Ach – mein Leben ist so langweilig, wenn alles immer positiv ist und ich gut drauf bin. Ich ziehe mir lieber mal eine Maske auf und betrachte das Leben aus einem anderen Blickwinkel. Ab heute werde ich unsicherer und zweifle alle meine Entscheidungen und Fähigkeiten an."

So funktioniert das nicht. Die Ursache hinter dem Verhalten der Menschen ist in der Regel auf ein inneres Trauma oder auf negative Erlebnisse zurückzuführen. Nicht immer, aber in dem größten Teil der Fälle, ist dieses Trauma in der Kindheit zu suchen. Jedes Kind – jeder Mensch ist es Wert bedingungslos geliebt zu werden. Um uns selbst bedingungslos lieben und wertschätzen zu können, müssen wir uns sicher sein dürfen, dass es Menschen gibt, welche dies tun. Denn als Kind wissen wir nicht, was es heißt bedingungslos zu lieben. Wir spüren Gefühle und wir merken, wie sich Menschen uns gegenüber verhalten. Kinder sind Gefühlsmagneten und merken, wenn sie bedingungslos geliebt werden und, wenn dies nicht der Fall ist.

Es ist also die Aufgabe der Eltern sicherzustellen, dass die Kinder die bedingungslose Liebe erfahren. Der Fehler, welchen die Eltern mit ihren Kindern oft machen ist der, die Liebe an bestimmte Bedingungen zu binden. Das ist nicht immer mit Absicht der Fall, dennoch passiert es leider viel zu häufig. Kinder haben das Gefühl, nicht sie selbst sein zu dürfen. Die Schuld ist in diesem Fall nicht nur auf die Eltern, sondern auf die gesamte Gesellschaft zu übertragen. Leider ist weit und breit das Bild präsent, dass Kinder artig und brav zu sein haben und ihre Wut nicht zeigen dürfen. Emotionen sollen, wenn möglich unterdrückt werden, um den anderen

Menschen zu gefallen. Ist das Kind leise und artig, sind die Eltern zufrieden. Hat das Kind jedoch einen Wutanfall, ist traurig und weiß nicht, wohin mit den Emotionen, weint und schreit es in der Regel. Das führt bei den Eltern dazu, dass sie das Kind dazu anmahnen aufzuhören zu schreien oder zu weinen und „lieb“ zu sein. Auf lange Sicht gesehen führt dies dazu, dass die Kinder ihre Emotionen und Gefühle unterdrücken und nicht mehr zulassen.

Die Kindheit ist eine aufregende Zeit, welche voller neuer Eindrücke und Emotionen geprägt ist. Jeden Tag lernen Kinder neue Dinge dazu und gewinnen neue Eindrücke. Es sind teilweise so viele neue Eindrücke, dass es den Kindern ab und an einfach zu viel wird und sie ihren Emotionen Raum geben müssen. Die Aufgabe der Eltern wäre es in diesem Fall das Kind in seiner Wut und in seiner Trauer oder was auch immer der Ursprung der gefühlten Emotion sein mag, zu unterstützen und ihm dabei zu helfen, diese zuzulassen und mit dieser umzugehen. Es ist die Aufgabe der Eltern den Kindern dabei zu helfen, zu verstehen, woher diese Emotionen kommen und wieso das Kind so fühlt. Leider machen das die wenigsten. Viel zu oft entweicht den Mündern der Erwachsenen in diesem Fall ein „Hör auf zu weinen.“ Oder ein „Hab dich nicht so, es ist doch gar nichts passiert.“ Anstatt „Ich sehe, dass du traurig/wütend/verwirrt bist. Ich bin da.“ Diese Aussagen sorgen zusammen mit einer Umarmung oder der einfachen geduldigen und empathischen Präsenz ausreichen, um dem Kind Raum zu geben. Diesen sicheren, liebenden und geschützten Raum braucht es, um seinen Gefühlen freien Lauf lassen zu können. Lässt es seine Gefühle zu, ohne für diese verurteilt zu werden und fühlt es sich zugleich unendlich und bedingungslos geliebt, lernt es seine Gefühle besser kennenzulernen und zu verstehen, dass es vollkommen in Ordnung ist diese zu fühlen. Mit der Zeit und der Unterstützung der Eltern wird es zudem mit der Zeit lernen, besser mit diesen umzugehen.

Lernen wir nie mit diesen Emotionen umzugehen, da uns impliziert wird, dass wir es nur Wert sind geliebt zu werden, wenn wir unsere Emotionen unterdrücken und brav sind, verankert sich das in unserem Denken. Unser Unterbewusstsein fängt an zu denken, dass wir es nicht Wert sind bedingungslos geliebt zu werden und uns die Liebe und Wertschätzung erst verdienen müssen. Dieses Denken wirkt sich anschließend auf unser Handeln aus und wir verhalten uns selbst so, wie sich unsere Eltern oder andere Bezugspersonen uns gegenüber verhalten haben. Wir binden unsere Selbstliebe und unsere Wertschätzung – unser Selbstwertgefühl an Bedingungen und, wenn wir diese nicht erfüllen und unseren Ansprüchen nicht gerecht werden, sind wir es nicht Wert uns selbst zu lieben und wertzuschätzen geschweige denn von anderen Menschen geliebt oder wertgeschätzt zu werden. Wer als Kind keinen Raum geboten bekommt, um die eigenen Emotionen und Gefühle auszudrücken und sich dennoch bedingungslos geliebt zu fühlen, wird es als Erwachsener sehr viel schwerer haben Emotionen zuzulassen. Lassen wir diese dann dennoch zu und verspüren Trauer, Freude, Aggressionen oder andere Emotionen, sind wir von ihnen überwältigt und wissen nicht, wie wir mit diesen umgehen sollen. Wir können die Emotionen nicht zuordnen, weil wir es als Kind nicht lernen durften.

Die Eltern sollten in der großen, weiten und neuen Welt, welche für Erwachsene erschreckend wirken kann und für Kinder somit 100 Mal mehr, der feste Anker und der feste Felsen sein, an welchen sich die Kinder klammern können. Die Eltern sind das sichere Zuhause, in welchem die Kinder ganz sie selbst sein und ihren Emotionen freien Lauf lassen können und sich immer, zu jeder Zeit bedingungslos geliebt fühlen können sollen. Ist dies nicht der Fall verlieren die Kinder ihre Kontrolle. Sie wissen nicht, woran sie sich klammern sollen und, da sie als kleines Kind keine andere Möglichkeit haben, versuchen sie den Anforderungen und Vorstellungen der Eltern gerecht zu werden und ihnen zu entsprechen. Sie entfernen sich von sich selbst und setzen sich die Masken auf, welche sie brauchen, um ihren Eltern zu gefallen und sich die Liebe und die Wertschätzung zu verdienen. Da sich viele Menschen diese Masken bereits im Kindesalter aufziehen mussten, ist es auch logisch und nachvollziehbar, wieso der Prozess der Selbstfindung und der damit im Zusammenhang stehende Prozess der Entwicklung des Selbstwertgefühls so viel Zeit in Anspruch nimmt. Es dauert seine Zeit, die Masken vom Gesicht zu nehmen und seinem wahren Ich ins Gesicht zu sehen. Und es dauert anschließend ebenfalls seine Zeit, dieses „Ich" lieben und wertschätzen zu lernen. Das, was die Eltern oder die anderen Bezugspersonen in der Kindheit nicht gemacht haben, müssen wir selbst für uns machen.

Wer als Kind keine bedingungslose Liebe und Wertschätzung erleben durfte, klammert sich früher oder später oft an einen anderen Anker. Menschen brauchen Sicherheit, suchen nach Geborgenheit und wollen eine Konstante im Leben haben, auf welche sie sich verlassen können. Wenn die Eltern diese Sicherheit, die Geborgenheit, die Liebe und die Konstante nicht verkörpern, suchen sich Menschen diese oft in Alkohol oder anderen Drogen. Nicht selten verlieren sie die Kontrolle über sich selbst, über ihr Leben und ihre Träume. Denn, sie wissen nicht einmal wer sie sind, geschweige denn, was sie sich vom Leben wünschen.

Wir müssen lernen, dass wir eine bedingungslose Liebe und Wertschätzung verdient haben und, dass diese nicht an Geld, Erfolg oder Verhalten gebunden sind. Wir müssen uns von unserem Erlebten trennen und verstehen, dass der Fehler nicht bei uns liegt, weil wir nicht dazu in der Lage waren oder sind die Anforderungen unserer Eltern zu erfüllen, sondern dass der Fehler bei denjenigen liegt, welche das Geben ihrer Liebe und ihrer Wertschätzung an Bedingungen knüpfen.

Um dich selbst zu finden, musst du dazu bereit sein, deine Vergangenheit aufzuarbeiten, schlecht verheilte oder teilweise noch offene Wunden erneut aufzureißen und genauer zu betrachten, um anschließend den Heilungsprozess einzuleiten. Du musst dazu bereit sein, Schmerzen zu empfinden, um hinterher ohne Ärger, Wut oder Schuldzuweisungen über deine Vergangenheit reden und dich voller Freude und Zuversicht auf deine Zukunft, vor allem aber über deinen Status Quo freuen zu können.
Viele Menschen denken, dass es sich bei der Reise nach ihrem wahren „Ich" und somit auch bei der Reise zu der Entwicklung des Selbstwertgefühls um eine Reise handelt, welche nach einiger Zeit mit dem Erreichen des Ziels endet. Dabei vergessen wir jedoch, dass wir uns in dem Laufe unseres Lebens immer weiterentwickeln. Wir nutzen unsere Stärken und verwandeln unsere Schwächen in Pluspunkte.

Wir lernen aus Misserfolgen und entwickeln uns somit immer und immer weiter. Das führt folglich auch dazu, dass sich nicht nur unser Status-Quo immer und immer wieder verändert, sondern dass sich auch unsere Interessen verändern, je nachdem an welchem Punkt unseres Lebens wir uns befinden. Wenn du es so sehen willst, bist du an keinem Punkt deines Lebens ein beendetes Projekt, welches die Menschen oder du selbst bewerten kannst. Du bist ab dem Tag deiner Geburt bis hin zu dem Tag deines Todes ein vorlaufendes Projekt, welches von Tag zu Tag immer ein bisschen besser wird. Du bist dein persönliches Lieblingsprojekt, an welchem du für immer voller Hingabe und Liebe arbeiten wirst.

Doch, wie ist das möglich? Die Antwort auf diese Frage ist einfach und kompliziert in Einem. Um dich selbst zu finden und dir damit deines Wertes voll und ganz bewusst zu werden, musst du dir erst einmal darüber klarwerden, an welchem Punkt du stehst. Das heißt, dass du den Standpunkt definieren musst, von welchem du startest. Für diese Zwecke kannst du dir einige Fragen stellen, an welchen du dich für diese Zwecke orientieren kannst.

Wir fokussieren uns in diesem Zusammenhang auf vier wesentliche Punkte, welche für die Ermittlung deines Status-Quo wichtig sind. Wichtig ist, dass du dir für die

Beantwortung der Fragen ausreichend Zeit nimmst. Stelle dir die Fragen nicht zwischen Tür und Angel, sondern räume dir Zeit für dich ein, weil du es Wert bist. Du bist es Wert, dir Zeit für dich selbst zu nehmen, um die Fragen zu beantworten. Du bist es Wert, dich selbst zu finden, um dir deines Wertes bewusst zu werden und dich endlich bedingungslos lieben und von anderen lieben und wertschätzen lassen zu können. Starten wir also mit den sechs Aspekten, welche dir den Einstieg in die Reise zu dir Selbst und der Erkennung deines Selbstwertgefühls unterstützen sollen.

Die erste Frage, welche du dir stellen solltest, ist die Frage danach, wie es in deinem Inneren aussieht, sprich, was du fühlst. Diese Frage scheint nicht kompliziert zu sein. Doch hinter dieser simplen Frage stecken in der Regel viele Masken und Schutzmechanismen, welche sich aktivieren, sobald die Ohren diese Frage vernommen und an das Gehirn weiterverarbeitet haben. Diese Frage ist in etwa auf dasselbe Level mit der Frage „Wie geht es dir?“ zu stellen. Wie ein Schauspieler, welcher sein Stück seit Jahren auf der Bühne aufträgt, gehen deine Lippen nach oben, formen ein Lächeln und deine Lippen bringen nahezu glaubwürdig den Satz „Mir geht es gut, danke.“ Hervor. In deinem Inneren klatscht die Selbstlüge Applaus und auch dein negativ gestimmtes Unterbewusstsein fällt in den Beifall ein.

Wir neigen dazu uns selbst zu belügen, uns vorzuheucheln, dass alles bestens ist und, dass es uns mit unserem Leben, so wie wir es aktuell leben, besser nicht gehen könnte. Und genauso verhält es sich mit unseren Gefühlen. Wurde uns als Kind kein Raum geboten, um diese Gefühle auszuleben und erfahren zu dürfen, werden wir uns selbst immer und immer wieder sagen, dass wir uns gut fühlen, selbst wenn es uns in unserem Inneren zerreißt.

Es kann sein, dass wir die Frage nicht direkt beim ersten Anlauf beantworten können. Auch beim zweiten Anlauf kann es passieren, dass wir keine Antwort auf die Frage haben. Wichtig ist es jedoch, dass wir uns auf uns und unsere Gefühle konzentrieren. Und das ist nicht nur in dem Zusammenhang mit der Beantwortung der Frage, sondern den ganzen Tag über wichtig. Halte ab und an inne und nehme deine Gefühle bewusst wahr. Was fühlst du? Fühlst du Trauer? Fühlst du Wut? Bevor wir uns daran machen zu verstehen, wieso wir zu bestimmten Zeitpunkten bestimmte Emotionen verspüren, liegt unser Fokus im ersten Schritt darauf, unsere Gefühle zu definieren. Erst, wenn wir die Gefühle definiert haben, können wir Erkenntnisse aus diesen ziehen und dann mit diesen Erkenntnissen arbeiten.

In dem Bezug auf die Frage danach, was du fühlst, ist es wichtig zu wissen, wie sich die unterschiedlichen Gefühle äußern, bzw. welche Arten der Gefühle ein Mensch überhaupt empfinden kann. Gefühle gibt es sehr viele unterschiedliche. Die Menschen können so viele Dinge fühlen, dass es manchmal überwältigend ist, wie viele unterschiedliche Emotionen auf einmal in einem Menschen Platz haben.

Generell können wir die Emotionen aber in positive und negative Gefühle aufteilen. Wobei auch hier die Bezeichnung „negative Gefühle“ nicht klug getroffen ist. Negative Gefühle sind beispielsweise Gefühle, wie Trauer, Wut, Enttäuschung, usw. Dadurch, dass wir diesen Gefühlen das Wort „negativ“ beifügen, kommt bei uns oft das Gefühl auf, dass wir diese nicht erleben bzw. ausleben dürfen. Wenn wir negative Gefühle ausleben, sind wir es nicht mehr Wert geliebt und wertgeschätzt zu werden, weil wir weder lieb noch artig sind. Wieso weinen wir überhaupt? Es ist doch gar nichts passiert! Diesen Gedankengang macht unser Gehirn. Aus diesem Grund ist es besser, die Gefühle in fröhliche und in traurige Gefühle einzuteilen. Es ist wichtig die Gefühle dieser beiden Kategorien auszuleben und zu erleben. Wenn du dich traurig fühlst, solltest du dich nicht schämen, dies zu zeigen und zu weinen, wenn dir dazu zu Mute ist. Freust du dich und bist du glücklich, solltest du dieses Gefühl nicht unterdrücken, sondern lächeln, jubeln und vor Freude Schreien.

Dass sich viele Menschen zurückhalten, liegt, wie gesagt, an den Erlebnissen aus der Kindheit. Ein Stück weit ist dies aber auch auf die heutige Gesellschaft zurückzuführen. Viele erwachsene Menschen haben mit einer Kindheit, wie ich sie oben beschrieben habe, zu kämpfen und denken aus diesem Grund, dass Gefühle zu zeigen keine gute Eigenschaft ist und mit einem Entzug der Liebe und der Wertschätzung einhergeht. Wer seine Freude, seine Trauer oder auch seine Wut in der Öffentlichkeit zeigt, wird oft mit ungläubigen Blicken und Kopfschütteln gestraft. Das ist aber auf die Tatsache zurückzuführen, dass die meisten Menschen mit einem derartigen Trauma aus der Kindheit zu kämpfen haben und aus diesem Grund selbst keine Emotionen zulassen. Und, wer selbst keine Emotionen zulassen kann, hat auch Schwierigkeiten damit, wenn anderen Menschen ihren Emotionen freien Lauf lassen.

Stelle dich also vor den Spiegel und frage dich selbst, was du fühlst. Was ist das Gefühl, welches sich in deiner Magengrube, in deinem Brustkorb oder deinem Hals breitmacht? Was fühlst du? Nehme diese Gefühle an, lasse sie zu und akzeptiere sie. Das ist der erste Schritt, um in Zukunft besser mit diesen umgehen zu können. Gefühle sind menschlich und dazu da, dich selbst besser kennenzulernen. Deine Seele möchte sich über die Gefühle ausdrücken und mit dir kommunizieren. Lasse dieses "Gespräch" zu und lerne dich besser kennen. Öffne dich für die schönen Emotionen in deinem Leben, indem du dich mit all deinen Gefühlen besser kennenlernst. Gefühle sind schön, Gefühle sind es wert gefühlt zu werden und Gefühle sind dazu da, um angenommen zu werden.

Die zweite wichtige Frage, welche du dir stellen solltest, wenn du vor dem Spiegel stehst und dein Spiegelbild in diesem betrachtest oder dir mit geschlossenen Augen einen Moment für dich nimmst, ist die Frage nach deinen Charaktereigenschaften.

Diese Frage kommt dir bekannt vor? Das ist kein Wunder – in den meisten Vorstellungsgesprächen fragen die potenziellen zukünftigen Chefs nach den Charaktereigenschaften. Oft verstecken sie die Frage auch unter dem Deckmantel der Aufforderung, dich selbst in fünf Worten zu beschreiben. Auch bei dieser Frage scheint es sich um eine augenscheinlich einfache und nicht weiter schwere Frage zu handeln. Die Schwierigkeit der Frage liegt dabei jedoch, wie es bei der ersten Frage der Fall war, in der realistischen und ehrlichen Beantwortung. Wie oft hast du diese Frage beantwortet, wohlwissend, dass deine Antwort nicht stimmt oder du dir gar nicht sicher bist, welche Worte du nutzen sollst, um dich selbst zu beschreiben?

Es ist in der Tat nicht einfach einen Menschen zu beschreiben, welchen man nicht kennt. Wenn du dich selbst nicht kennst und nicht weißt, wer dein wahres „Ich“ ist, wird es dir dementsprechend schwerfallen, dich realistisch zu beschreiben.

Charaktereigenschaften sind kleine aber feine Worte, welche dich und deine Art und Weise zu sein beschreiben. Diese Eigenschaften sind, wie es in der Grundschule im Deutschunterricht so einfach und veranschaulichend dargestellt wurde „Wie-Wörter“. Sie beschreiben dementsprechend, wie du bist.

Dabei ist kein Mensch wie der andere. Jeder Mensch ist anders und zeichnet sich durch seinen ganz eigenen, persönlichen und individuellen Charakter aus. Das ist mitunter auch der Grund dafür, dass es so viele unterschiedliche Worte gibt, um einen Charakter zu beschreiben. Und diese Tatsache wiederum liefert auch die Erklärung dafür, wieso auch diese Frage nicht in wenigen Minuten beantwortet ist, sondern einiges an Zeit in Anspruch nimmt. Wenn du deine Charaktereigenschaften realistisch in Worte fassen möchtest, musst du dir Zeit nehmen, in dich hineinfühlen und dein wahres „Ich“ betrachten. Da dies jedoch eine lange Reise ist, welche durchaus mehrere Monate oder gar Jahre in Anspruch nehmen kann, können sich diese Charaktereigenschaften immer und immer wieder ändern. Es kann so zum Anfang gut sein, dass du die Charaktereigenschaften einer Maske beschreibst, welche du dir jeden Tag aufziehst. Je dünner diese Maske wird und je stärker dein wahres „Ich“ folglich zum Vorschein kommt umso mehr können sich die Charaktereigenschaften ändern. Das ist solange der Fall, bis du bei deinem echten „Ich“ angekommen bist.

Einen Charakter in Worte zu fassen stellt sich, auch für hochintelligente Menschen aus dem Bereich der Wissenschaft und der Persönlichkeitsforschung als kompliziert heraus und ist für diese eine dementsprechend große Herausforderung. Der Charakter eines Menschen ist eine recht komplexe Angelegenheit und kann nicht ohne Weiteres mit ein paar Worten beschrieben werden. Zumal Worte in einigen Fällen nicht ausreichen, um bestimmte Dinge, wie die Komplexität eines Charakters zu beschreiben. Dennoch gibt es lange Listen mit vielen unterschiedlichen Worten, welche auf bestmögliche Art und Weise versuchen, den Charakter eines Menschen zu beschreiben. Auch in dem Bezug auf die Charaktereigenschaften findet nicht selten eine Unterscheidung in positiv und negativ statt, was dazu führt, dass einige unangenehme Charakterzüge eines Menschen mit entsprechenden Worten umschrieben werden können.

Wichtig ist es in diesem Zusammenhang zu wissen, dass ein Charakter nicht in Stein gemeißelt ist und die Eigenschaften, wie es mit dem Selbstwertgefühl und der Selbstliebe ist, bereits in der frühen Kindheit entwickelt und von den Bezugspersonen und das direkte Umfeld konditioniert werden. Folglich können sich auch die Charaktereigenschaften eines Menschen immer und immer wieder ändern. Und das ist bei Nichten ein negativer Umstand. Im Gegenteil! Es ist gut, dass sich deine Charaktereigenschaften erweitern und ändern. Du wirst erwachsener und wächst an deinen Erfahrungen im Leben.

Welche Werte hast du?

Immer wieder kann man von ihnen hören, doch in der Tat wissen die wenigsten Menschen, was Werte in der Tat sind. Viele haben eine vollkommen falsche Vorstellung darüber, was unter Werten tatsächlich zu verstehen ist. Aus diesem Grund gehen wir nun einmal etwas genauer darauf ein, was Werte überhaupt sind. Erst, wenn du weißt, was Werte sind und wie sich diese definieren, kannst du dich mit deinen Werten beschäftigen, diese möglicherweise überdenken, deinen Wünschen, Träumen und Zielen anpassen und dementsprechend zum Erfolg kommen, indem du deine Ziele erreichst. Denn nicht selten stehen wir uns selbst mit Werten im Weg, an welche wir uns festklammern, obwohl diese in vielen Fällen nicht einmal unsere eigenen Werte sind. Oft handelt es sich bei den Werten um Werte, welche unser Umfeld in uns impliziert hat. Umso wichtiger ist es, dass wir uns intensiv mit unseren Werten beschäftigen und feststellen, ob es sich bei den Werten um unsere eigenen Werte handelt, oder ob wir einfach ein Wertemuster anderer Menschen übernommen haben und an diesem festhalten, obwohl uns diese Werte nie an unser wahres Ziel bringen werden.

Werte sind ein fester Bestandteil einer Gesellschaft. Überall dort, wo mehrere Menschen miteinander leben und somit miteinander auskommen müssen, entstehen Werte, welche sich in einem Wertesystem zusammenfassen lassen. Dabei sind die Werte die Wesensmerkmale von Personen, welche vom Rest der Gesellschaft als gut befunden werden. So kommt es schnell dazu, dass Menschen, welche sich nicht nach dem Wertesystem der Gesellschaft verhalten, ausgeschlossen und als komisch angesehen werden.

In der Kombination mit den Normen entstehen aus den Werten später nicht nur Denkmuster, sondern auch Glaubenssätze und Handlungsmuster, über welche sich eine Gesellschaft definiert. Die Gesellschaft macht die Werte also zum Maßstab, anhand welchem sie dann ihr Umfeld messen, ganz egal, ob das Wertesystem der Gesellschaft dem eigenen Wertesystem entspricht. Unter

Werten sind unter anderem Sitten, aber auch soziale Kompetenzen und Ideologien, sowie die Grundüberzeugung, und die Weltanschauung eines Menschen zu verstehen.

Welche Werte wir dabei jeweils haben, hängt oft stark von dem Umfeld ab, in welchem wir aufgewachsen sind und, in welchem wir uns auch als Erwachsene aufhalten. Aber nicht nur die Einflüsse unserer Kindheit bestimmen zu einem großen Teil die Werte, an welchen wir festhalten, sondern auch unsere Wünsche und Ziele haben einen großen Einfluss auf unser Wertesystem. Somit kann sich dieses immer und immer wieder ändern und sich immer mehr unserem wahren „Ich“ anpassen, wenn wir diesem auf der Reise zu uns selbst und zu unserem Selbstwertgefühl immer näherkommen.

Beispiele für Werte sind unter anderem Freiheit und Vertrauen, sowie auch Sicherheit und Toleranz. Zusammenfassend gesagt, sind Werte die Dinge, auf welche du in deinem Leben Wert legst und an welchen du dich orientierst, bzw. von welchen du dein Handeln und die Bewertung deiner Mitmenschen abhängig machst.
Werte sind somit nichts anderes als ein Ausdruck deines Seins. Sie sind ein Ausdruck deiner Wesensart und spielen in diesem Zusammenhang eine sehr große Rolle, was das

Erreichen deiner Ziele und folglich auch deinen Erfolg angeht. Das heißt: Wenn du mit deinem Status-Quo unzufrieden bist und gerne etwas an diesem ändern möchtest, solltest du einen Blick auf dein Wertesystem werfen und einige Werte rausschmeißen und gegen neue austauschen.

Als ich noch in den Kindergarten ging, konnte niemand mich und meine Kreativität stoppen. Ich habe es geliebt zu basteln und zu malen. Später in meiner Schulzeit fing ich an zu zeichnen. Nach einigen Jahren verlor ich es auch den Augen. Es fehlte etwas in mir - ein Hobby, bei dem ich meine Kreativität und Ideen verwirklichen konnte.

Hobbys und Interessen sind Dinge, an welchen du Spaß hast und, für welche du dir gerne Zeit nimmst und in deinem vollen Terminkalender Platz einräumst. Leider machen das die Menschen viel zu wenig. Und ebenso viele Menschen haben nicht einmal ein Hobby, mit welchem sie sich die Zeit vertreiben können. Auch hier spielt wieder das Selbstwertgefühl eine große Rolle. Wieso sollte ich es Wert sein, andere wichtige Dinge und Termine zu verschieben oder so zu legen, dass ich Zeit habe, meinen Hobbys und meinen Interessen nachzugehen? Vielen Menschen erschließt sich diese Denkweise nicht und sie gehen der Frage aus dem Weg, indem sie einfach behaupten, dass sie keine Interessen haben. Doch jeder Mensch hat Dinge, welche er gerne macht. Es kann sein, dass du noch kein Hobby hast, doch, wenn dem so sein sollte, solltest du in dich hineinfühlen und deine Interessen herausfinden. Was magst du und was macht dir Spaß? Womit würdest du gerne mehr Zeit verbringen? Es kann sein, dass du ein Hobby findest oder ein Interesse entwickelst, welches dir hinterher keinen Spaß mehr macht. Es ist überhaupt nicht schlimm, neue Dinge auszuprobieren, die dir im Nachhinein keinen Spaß bereiten. Du hast es probiert und für dich persönlich als nicht gut befunden. Schließlich ist das Leben ein ständiger Lernprozess und ein Prozess der ständigen Weiterentwicklung. Interessen können sich ändern und folglich auch die Hobbys, welchen du in deiner Freizeit nachgehst.

Wichtig ist, dass du dir Zeit und Raum für deine Hobbys schaffst und diese nicht vernachlässigst. Erstelle dir einen Zeitplan, streiche unwichtige Aktivitäten, welche dich nicht glücklich machen und schaffe stattdessen Raum für deine Hobbys. Mindestens zwei Mal die Woche sollten diese deine Tage füllen und dir nach und nach einen weiteren Sonnenstrahl ins Leben bringen.

Wir Menschen haben die Eigenschaft an uns, uns vermehrt auf unsere Schwächen zu konzentrieren. Sehen wir in den Spiegel oder lassen den Tag noch einmal vor unserem inneren Auge passieren, tendieren wir dazu, uns an all die negativen Erlebnisse zu erinnern und die positiven Ereignisse vollkommen in den Hintergrund zu drängen. Wir vergessen viel zu oft, wie viele Stärken wir haben, wie liebenswert einige unserer Schwächen sind und wie viel Potenzial sich in diesen versteckt. Was wir tun müssen ist, unsere Sichtweise zu ändern und unsere Stärken und Schwächen anzunehmen. Stärken und Schwächen teilen wir in der Regel in “positiv” und “negativ” ein. In diesem Zusammenhang kann gesagt werden, dass die Stärken in der Regel in einem positiven Licht gesehen werden, während die Schwächen in dem größten Teil der Fälle negativ behaftet sind. Doch, wieso ist das so? Nur, weil wir in einigen Dingen nicht so gut sind wie in anderen, heißt das nicht, dass wir automatisch schlecht sind oder, dass das eine negative Tatsache ist. Vielmehr stellen Schwächen ein Potenzial der Verbesserung da. Schwächen sind dazu da, dich immer weiterentwickeln und an ihnen arbeiten zu können, um noch besser und noch erfolgreicher zu werden. Gehe also in dich und überlege dir, in welchen Bereichen du gut bist und in welchen Bereichen noch etwas Bedarf nach oben besteht – sprich: in welchen Bereichen deine Stärken und deine Schwächen liegen. Die eigenen Schwächen als Bereiche anzusehen, in welchen Verbesserungspotenzial besteht, heißt nicht, dass du in deinen Stärken perfekt bist. Denn, „perfekt“ gibt es nicht. Du kannst immer an dir arbeiten und dich immer und immer weiterentwickeln und dementsprechend immer besser werden. Perfektion liegt immer im Auge des Betrachters.

Der Glaube spielt in dem Leben der Menschen eine sehr wichtige Rolle. Damit ist nicht immer automatisch der Glaube im religiösen Sinn gemeint. Natürlich gibt es viele gläubige und religiöse Menschen, doch der religiöse Glaube ist nicht der einzige, welcher eine große Rolle in dem Leben der Menschen spielen kann. Die Welt ist groß und unübersichtlich. Nicht nur Kinder brauchen einen Anker, an welchem sie sich festhalten können, um sich in der großen und unübersichtlichen Welt zurechtfinden zu können, sondern auch Erwachsene brauchen einen Anker, an welchem sie sich entlanghangeln können. Auch Erwachsene brauchen einen festen Felsen, um sich in der großen und weiten Welt zurechtfinden zu können, ohne dabei die Übersicht zu verlieren.

Diesen Anker finden die Menschen in der Regel über Regeln und Einschätzungen. Diese beiden Begriffe können wir anders unter dem Begriff der Glaubenssätze zusammenfassen. Doch, was können wir uns nun genau unter diesen Glaubenssätzen vorstellen? Glaubenssätze sind eben solche Regeln und Einschätzungen, welche dir eine feste und sichere Struktur vermitteln.

Es handelt sich dabei jedoch nicht um Regeln, wie diese beispielsweise in dem Rahmen des Gesetzes gelten und dementsprechend durchgesetzt und gebrochen werden können, sondern es handelt sich vielmehr um Regeln des Lebens. Diese Lebensregeln helfen dir dabei, im Leben zurechtzukommen und dich angemessen zu verhalten. Aus diesem Grund überrascht es nicht weiter, dass wir bereits im frühen Kindesalter in den Kontakt mit diesen Glaubenssätzen kommen. Diese Glaubenssätze definieren aus diesem Grund zu einem recht großen Teil deine Persönlichkeit und dein Handeln. Denn unterbewusst handelst du gemäß der Glaubenssätze, an welchen du dich orientierst.

Dabei sind Glaubenssätze jedoch nicht immer positiver Natur. Während dir einige Glaubenssätze helfen und dich dabei unterstützen zum Erfolg zu gelangen, gibt es andere Glaubenssätze, welche dir auf deinem Weg zum Erfolg im Weg stehen. Tückisch an dieser Tatsache ist in diesem Zusammenhang, dass du diese Glaubenssätze in den meisten Fällen nicht bewusst lebst, sondern, dass sie sich so sehr in dein Unterbewusstsein gefressen haben, dass du automatisch danach handelst, was sie aussagen. Wie sehr diese unterbewussten Glaubenssätze dein Leben konditionieren, wird dir in der Regel erst dann bewusst, wenn du dich genauer mit ihnen beschäftigst und dich damit auseinandersetzt, ob es sich bei diesen um deine eigenen Glaubenssätze handelt oder, ob es vielmehr Glaubenssätze sind, welche du in deiner Kindheit oder auch zu einem späteren Zeitpunkt von deinem Umfeld vermittelt bekommen hast.

Sehen wir uns einmal die negativen Glaubenssätze etwas intensiver an. Positive Glaubenssätze sind durch und durch positiv und tragen dazu bei, dass du deine Ziele besser fokussieren und erreichen kannst. Negative Glaubenssätze, welche du mit dir herumschleppst bewirken in diesem Zusammenhang genau das Gegenteil. Das kann ein einfacher Satz sein, welchen du deine gesamte Kindheit hinweggehört hast, wie „Wenn du dich so und so verhältst, hab ich dich nicht mehr lieb…“ oder ähnliches. Mit der Zeit hat sich ein solcher Satz tief in dein Unterbewusstsein gefressen und über dieses nicht nur in deinem gesamten Körper verbreitet, sondern auch dein Handeln konditioniert. Aus diesem Grund ist es umso wichtiger, dass du dich intensiv mit den Glaubenssätzen beschäftigst, an welchen du dich orientierst und diese gegebenenfalls überdenkst und überarbeitest. Nur, wenn du dir der negativen Glaubenssätze bewusst wirst, welche in deinem Unterbewusstsein herumschwirren und sich dort negativ auswirken, kannst du mit positiven Glaubenssätzen dagegenhalten und diese an dein wahres „Ich“, an deine Wünsche und Erfolge, sowie Träume und Ziele anpassen.

Nehme dich selbst an

Ein weiterer Schritt zu der Entwicklung deines Selbstwertgefühls ist nicht nur die Reise zu deinem wahren „Ich“, sondern auch die Annahme deiner selbst. Wie oft stellst du dich vor den Spiegel und hast etwas an dir und deinem Aussehen auszusetzen? Wie oft betrachtest du Arbeiten, welche du verrichtet hast und bist durch und durch unzufrieden mit ihnen? Wie oft hast du etwas an dir und deiner selbst auszusetzen? Oder, ich stelle dir die Frage einmal anders herum: Wie oft bist du mit dir und deiner selbst zufrieden? Wie oft sagst du dir selbst, dass du stolz auf dich und das bist, was du bereits geschafft hast? Wahrscheinlich kommt das nicht so oft vor. Und, wenn dich einmal das Bedürfnis überkommen sollte, dich selbst zu loben, erinnert dich dein Unterbewusstsein wieder zuverlässig und pünktlich daran, dass du es nicht Wert bist, Lob zu erhalten und Eigenlob stinkt ja sowieso. Leider nehmen wir uns selbst nicht so an, wie wir sind. Wir haben immer etwas an uns auszusetzen. Wieder einmal was das schlecht und das hat nicht geklappt und überhaupt war der ganze Tag wieder einmal eine vollkommene Katastrophe.

Es ist vollkommen richtig, dass es nie falsch ist an sich selbst zu arbeiten, um die eigenen Wünsche, Träume und Ziele zu erreichen, doch es liegt ein sehr großer Unterschied daran, ob man sich selbst motiviert, um am Ball zu bleiben und noch besser zu werden, oder ob man sich immer und immer weiter runterzieht und selbst fertigmacht.

Um unseren Wert zu erkennen und diesen wertschätzen zu können, ist es wichtig, dass wir uns selbst so annehmen, wie wir sind. Auch, wenn wir vielleicht noch nicht so sind, wie wir uns das für unsere Zukunft vorstellen, sind wir zu dem aktuellen Zeitpunkt immer die beste Version unserer selbst, welche wir sein können. Wir sind jeden Tag ein Stück besser, reicher an Erfahrung und Motivation als an dem Tag zuvor und haben somit wieder einen weiteren Schritt in die richtige Richtung gemacht. Das ist das, was zählt und was wichtig ist, um uns selbst zu finden, uns selbst zu lieben und uns selbst wertzuschätzen. Und auch hier gilt wieder genau dasselbe, wie bei der Liebe und der Wertschätzung. Wenn du dich selbst nicht akzeptierst kannst du auf der einen Seite nicht von anderen Menschen erwarten, dass sie dich akzeptieren und du kannst auch andere Menschen nicht akzeptieren. Selbst, wenn du dir selbst etwas vorspielst und dir sagst, dass das nicht stimmt und du andere Menschen sehr wohl akzeptierst, ist das nicht richtig. Die Voraussetzung, welche du erfüllen musst, um andere Menschen zu akzeptieren und dich von anderen Menschen akzeptieren zu lassen ist die, dich selbst so zu akzeptieren, wie du bist.

Eng in dem Zusammenhang mit der Selbstakzeptanz steht die Selbstentwicklung und somit auch die Entwicklung der Selbstliebe und des Selbstwertgefühls. Wer sich selbst akzeptiert kann an sich arbeiten und die Reise zu dem wahren „Ich“ erfolgreich bestreiten. Natürlich kann es sein, dass wir zum Anfang unserer Reise eine Maske tragen, welche wir noch nicht vollkommen abnehmen können. Da wir aber über Jahre hinweg mit dieser Maske gelebt haben, ist es auch ein Teil des Prozesses diese Maske zu akzeptieren. Denn die Maske, welche unser Gesicht über einen so langen Zeitraum hinweg geziert hat, zu akzeptieren heißt nicht, sich auf dieser auszuruhen und diese nicht mehr entfernen zu wollen. Genau das Gegenteil ist der Fall. Nur, wenn wir akzeptieren, dass wir diese Maske tragen, können wir daran arbeiten, diese Schritt für Schritt, jedes Mal ein bisschen mehr von unserem Gesicht zu nehmen und unser wahres „Ich“ unter dieser zu befreien.

Denn, jeder Mensch möchte, tief in seinem Inneren wachsen und sich immer weiterentwickeln. Auch, wenn wir Meister darin sind, uns selbst zu belügen und uns etwas vorzumachen, indem wir sagen, dass uns unser Leben so gefällt, wie es ist. Es besteht immer Potenzial nach oben und wir können uns immer weiter nach oben entwickeln. Um uns selbst akzeptieren und weiterentwickeln zu können, ist es jedoch wichtig, dass wir anfangen Verantwortung zu übernehmen. Es ist richtig, dass ein großer Teil unserer mangelnden Selbstliebe und auch des mangelnden Selbstwertgefühls in der eigenen Kindheit zu suchen ist, doch das heißt nicht, dass wir uns unser Leben lang auf dieser Tatsache ausruhen können. Für uns ist es wichtig die Ursache zu kennen, um an dieser arbeiten zu können, doch mindestens genauso wichtig ist es, dass wir selbst die Verantwortung für unser Leben und für unsere Entwicklung übernehmen. Suchen wir weiterhin die Schuld bei anderen Menschen und übernehmen dementsprechend keine Verantwortung für unsere Handlungen und unser Leben, laufen wir immer auf der Stelle und können uns nicht weiterentwickeln. Schauen wir also in den Spiegel und schauen uns in die Augen. Betrachten wir unseren Status-Quo und unseren Wunsch-Status. Was machen wir, um diesen zu erreichen? Sind wir aktiv damit beschäftigt, an uns selbst zu arbeiten, um an unser Ziel zu gelangen? Nein? Dann ist es an der Zeit, dass wir härter arbeiten und unsere Ziele und Wünsche hartnäckiger verfolgen. Viele Menschen nehmen diese Erkenntnis erneut zum Anlass sich selbst fertig zu machen und ihr Minderwertigkeitsgefühl zu nähren. Das ist nicht Sinn und Zweck der Selbstakzeptanz. Die Selbstakzeptanz zielt darauf aus, uns intensiv damit auseinanderzusetzen, wer wir sind und, dass wir gut sind, so wie wir sind. Sie zeigt uns aber auch, dass wir noch mehr an uns arbeiten können, um unsere Wünsche nicht mehr nur im Tagtraum oder in unseren Träumen nachts erleben zu müssen, sondern zur täglichen Realität werden zu lassen. Wir müssen für diese Zwecke das Steuer wieder selbst in die Hand nehmen und somit die Kontrolle und auch die Verantwortung für unser Leben übernehmen.

Leider fällt es uns erstaunlich schwer uns mit unseren Schwächen und auch Fehlern zu akzeptieren. Bei unseren Mitmenschen fällt uns dies deutlich einfacher. Wir können sehr viel einfacher über Fehler hinwegsehen und Schwächen, welche unser Umfeld bei sich selbst möglicherweise als Fehler ansieht, sehen wir selbst nicht als Schwäche an. Wieso gehen wir mit uns selbst also so hart ins Gericht? Weil wir konstant davon ausgehen nicht genug zu sein. Wir sind ständig davon überzeugt, es nicht verdient zu haben glücklich und erfolgreich zu sein. Bei anderen Menschen ist das etwas anderes. Wenn sie Erfolg haben, haben wir es nicht anders erwartet. Schließlich handelt es sich um die anderen und nicht um uns selbst. Wenn du jedoch Schwächen und Fehler anderer Menschen akzeptieren kannst, spricht kein rationaler Grund dagegen, dass du auch deine eigenen Schwächen und Fehler akzeptierst. Und diese Akzeptanz ist nicht nur in dem Bezug auf die Schwächen und auf die Fehler zu sehen. Selbstverständlich ist es wichtig, dass du dich mit deinen Schwächen und deinen Fehlern akzeptierst, doch es ist mindestens genauso wichtig, dass du dir deine Erfolge und positiven Eigenschaften und Stärken eingestehst und akzeptierst. Du kannst andere Menschen für ihre Arbeit oder für eine bestimmte Stärke bewundern? Wieso verwehrst du dir also diese Bewunderung? Lasse deine Komplimente und deine Bewunderung nicht nur deinem Umfeld, sondern auch deiner selbst zukommen. Du hast es verdient, dich selbst zu akzeptieren, so wie du bist – mit all deinen Stärken und deinen Schwächen – mit all deinen Erfolgen und Niederschlägen.

Wie schon gesagt, schließen sich die Selbstakzeptanz und die Arbeit an dir selbst per se nicht aus. Allerdings ist es auch richtig, dass es schlicht und ergreifend einige Dinge gibt, welche du nicht ändern kannst und, welche du aus diesem Grund einfach so akzeptieren solltest, wie sie sind. So kannst du bezüglich deiner Charaktereigenschaften, deiner Stärken und auch deiner Schwächen immer weiter an dir arbeiten, während du an deiner Körpergröße oder auch anderen körperlichen Begebenheiten nichts machen kannst. Anstatt dich an Dingen festzubeißen, welche du nicht ändern kannst, solltest du deine Energie in die Dinge stecken, welche du besonders gut kannst oder, welche noch

Potenzial nach oben haben, um an ihnen zu arbeiten. Konzentriere dich auf die positiven Aspekte, welche die Faktoren mit sich bringen, an welchen du nichts ändern kannst. In dem Bezug auf die Körpergröße hat es zum Beispiel viele Vorteile groß oder klein zu sein. Gewähre der Positivität Eintritt in dein Leben und betrachte die Umstände nicht mehr im negativen Licht, sondern ziehe aus jedem Faktor und aus jeder Situation etwas Positives.

Äussere Einflüsse des Selbstwertgefühls

Nicht nur die inneren Faktoren, sondern auch zahlreiche äußere Umstände haben einen sehr großen Einfluss auf dein Selbstwertgefühl. Aus diesem Grund wollen wir uns in diesem Kapitel diesen äußeren Einflüssen etwas genauer widmen. Sehen wir uns an, wie sich die äußeren Faktoren auf dich und dein Selbstwertgefühl auswirken, was diese mit dir anstellen und, wieso es wichtig ist zu lernen, auf die richtige Art und Weise mit diesen umzugehen. Dabei müssen diese äußeren Faktoren nicht immer negativ sein. Es gibt zahlreiche unterschiedliche äußere Faktoren, welche sich auf unser Selbstwertgefühl auswirken und in diesem Zusammenhang durch und durch positiv sind. Es liegt dabei in unserem Ermessen die Positivität zu erkennen und diese zu unserem Vorteil zu nutzen. Gleichzeitig ist es mindestens genauso wichtig die negativen Faktoren nicht an uns herankommen zu lassen und diese nicht als Anlass zu nehmen, uns noch mehr in uns selbst zurückzuziehen und uns niederzumachen.

Die Körpersprache der anderen Menschen

Zwar können die Menschen über die gesprochene Sprache viel sagen. Mindestens genauso viel, wenn nicht sogar mehr, können sie jedoch über die Körpersprache sagen. Bei der Körpersprache handelt es sich um ein durch und durch spannendes und faszinierendes Gebiet des Menschen. Es ist dabei so faszinierend, dass sich zahlreiche Wissenschaftler und Forscher mit der Körpersprache beschäftigen und die Sprache des Körpers vor allem bei prominenten Personen zu deuten versuchen. Der Körper reagiert auf unser Innenleben. Je nachdem, wie wir uns fühlen und, was wir denken, reagieren wir auf bestimmte Art und Weise mit unserem Körper. Das heißt, dass wir die Sprache unseres Körpers auf der einen Seite bewusst und auf der anderen Seite unterbewusst einsetzen können. So sehr wir es in einigen Situationen auch versuchen, so wird es uns ab und an nicht gelingen, unsere Körpersprache unter Kontrolle zu halten und zu steuern. Genauso ist das auch bei anderen Menschen der Fall, welche in einigen Fällen gewollt und in anderen Fällen ungewollt mit uns kommunizieren.

Wir müssen uns dabei darüber klarwerden, dass wir mit unserer Körpersprache einen ebenso großen Einfluss auf die Menschen in unserem Umfeld haben, wie diese einen Einfluss auf uns haben, wenn sie ihren Körper sprechen lassen. In diesem Zusammenhang kommt unser Selbstwertgefühl zum Tragen. Denn, basierend darauf, wie sich unsere Mitmenschen mit uns verhalten, profitiert unser Selbstwertgefühl davon oder es leidet darunter. So reagieren wir auf eine negative Körpersprache eines Menschen oft mit einem geringen Selbstwertgefühl, da wir uns verunsichern lassen. Auf eine positive Körpersprache reagieren wir zwar in der Regel positiv, doch in einigen Fällen plagen uns die Hemmungen und lassen es nicht zu, dass wir positiv auf die positive Körpersprache reagieren. Doch die Körpersprache eines Menschen ruft bei einem anderen Menschen nicht nur eine gewisse Reaktion in dem Bezug auf das Selbstwertgefühl hervor, sondern unsere Körpersprache und auch die Sprache des Körpers unserer Mitmenschen, gibt Aufschluss über das Selbstwertgefühl, über welches die einzelnen Personen verfügen. Unsicherheit, aber auch Selbstbewusstsein spiegeln sich ganz klar und deutlich in der Körpersprache wider und haben, je nachdem, wie es um das Selbstwertgefühl des Umfeldes bestimmt ist, einen positiven oder negativen Effekt auf die Menschen. So kann es sein, dass die Körpersprache eines einzigen Menschen positiv auf den einen und negativ auf den anderen Menschen wirkt.

Wenn wir also bereits über ein nicht sonderlich ausgeprägtes Selbstwertgefühl verfügen, kann es durchaus sein, dass wir auf einen selbstbewusst auftretenden Menschen mit der Unterordnung unserer selbst reagieren. Hätten wir mehr Selbstbewusstsein und ein höheres Selbstwertgefühl, würden wir uns nicht unterordnen, sondern unserem Gegenüber auf Augenhöhe begegnen. Andersherum kann es aber auch passieren, dass wir auf Menschen treffen, welche noch weniger Selbstwertgefühl und Selbstbewusstsein haben, als dies bei uns der Fall ist und sich somit unter uns stellen und sich unterordnen. In diesem Fall können werden wir uns wertvoller und stärker fühlen. Somit sagt die Körpersprache viel aus. Man kann viel in die Sprache des Körpers interpretieren und dementsprechend viel mit ihr arbeiten.

Der soziale Status der Menschen

Die Putzfrau putzt das Büro, während der Anwalt seine letzten Aufgaben für den Tag erledigt. Ohne nachzudenken, läuft er mit seinen schmutzigen Schuhen über den frisch gewischten Boden, sodass die Putzfrau nochmal von vorne anfangen muss. Aber das ist nicht schlimm, schließlich verdient der Anwalt sehr viel mehr und hat einen weitaus respektableren Beruf. Oder? Jeder Mensch genießt in der Gesellschaft einen bestimmten sozialen Status. Wobei nicht jeder Mensch seinen sozialen Status mit dem Verb „genießen“ in Verbindung bringen würde. Das liegt an der Tatsache, dass sich der soziale Status in mehrere Ebenen aufteilen lässt. In dieser Pyramide verfügen einige Menschen über einen besseren, und andere Menschen über einen geringeren sozialen Status. Dabei hat der soziale Status unter anderem einen großen Einfluss darauf, wie die anderen Menschen die jeweilige Person sehen und, wie sie sich ihr gegenüber verhalten.

Doch, was hat der soziale Status mit unserem Selbstwertgefühl zu tun? Eine ganze Menge. Und zwar in zweierlei Hinsicht. Auf der einen Seite stehen wir selbst und auf der anderen Seite steht die Gesellschaft. Nicht nur in der heutigen Zeit, sondern auch vor mehreren Hundert oder gar Tausend Jahren, spielte und spielt der soziale Status der einzelnen Menschen eine sehr große und fundamentale Rolle. Wer einen besseren Beruf hat und mehr Geld verdient, genießt einen deutlich besseren und höheren Status, als ein Mensch, welcher einen schlechter bezahlten Job hat. Daraus resultiert, dass sich viele Menschen über ihren sozialen Status definieren, was wiederum einen großen Einfluss auf das eigene Selbstwertgefühl hat.

In der heutigen Gesellschaft sind ein schönes Haus und ein teures Auto fast wichtiger als ein guter Charakter und eine tolle Persönlichkeit. Um sich nicht von dem sozialen Status der Mitmenschen konditionieren zu lassen, ist es umso wichtiger, den eigenen Standpunkt zu ermitteln, seine Wünsche und Ziele zu bestimmen und das Selbstwertgefühl zu steigern. Wer mehr wertvolle Statussymbole besitzt als ein anderer Mensch ist nicht automatisch mehr Wert. Der Wert eines jeden Menschen ist nicht messbar und dennoch messen die Menschen ihren Wert anhand der äußeren Faktoren – den sogenannten Statussymbolen. Es ist, in der Tat, erschreckend, wie viel Geld Menschen für den Kauf dieser sogenannten Statussymbole ausgeben. Oft ist es den Menschen dabei vollkommen egal, ob sie dieses Statussymbol brauchen, geschweige denn wollen – es zählt einzig und alleine, sich mit den Mitmenschen messen zu könne und augenscheinlich das Selbstwertgefühl steigern zu lassen. Vergessen wir dabei jedoch nicht, dass sich der Selbstwert eines Menschen nicht über die äußeren Faktoren, wie Statussymbole definiert, sondern immer und zu jeder Zeit unmessbar und unendlich ist. Aus diesem Grund ist es wichtig, dass wir uns dessen bewusst werden und lernen unser Selbstwertgefühl, unabhängig von inneren und äußeren Faktoren wachsen zu lassen. Das ist jedoch leichter gesagt als getan, dass der soziale Status eine so große Macht genießt, dass wir uns über diesen definieren lassen und unser Selbstwertgefühl maßgeblich von unseren Mitmenschen, bzw. dem sozialen Status unserer Menschen beeinflusst wird.

Mit Sicherheit hast du auch bereits von dem bekannten Spruch „Kleider machen Leute“ gehört. In diesem Zusammenhang ist jedoch zu sagen, dass es sich bei diesem Spruch nicht einfach nur um einen Spruch handelt, sondern dass viel Wahres hinter ihm steckt. In der Regel kleiden sich Menschen, welche einen höheren sozialen Status genießen und in diesem Zusammenhang mehr Geld haben, besser und eleganter als sozial niedriger gestellte Menschen. Aus diesem Grund stimmt es in einem gewissen Sinn, dass Kleider Menschen machen. Sicherlich ist es richtig, dass alle Menschen denselben unbeschreiblichen und unendlichen Wert haben, doch wir leben in einer Gesellschaft, in welcher Äußerlichkeiten und somit auch der soziale Status einen sehr hohen Stellenwert genießen. Aus dieser Tatsache resultiert, dass sich die Menschen über diese Äußerlichkeiten definieren und Kleider somit zwar, moralisch gesehen, keine Kleider machen sollten, dies in der Realität aber durchaus der Fall ist. Viele Menschen geben zwar über sich selbst an, sich ausschließlich auf die inneren Werte der Menschen zu konzentrieren und sich dementsprechend nicht von äußeren Erscheinungsbilder beeinflussen zu lassen, doch das entspricht in dem Großteil der Fälle mehr einem Wunschdenken und weniger der Realität. Es wäre zu schön, um wahr zu sein, wenn die Menschheit die Äußerlichkeiten außen vorlassen und sich ausschließlich auf das Innere der Menschen beschränken würde. Doch, dass wir basierend auf dem äußeren ersten Eindruck urteilen, ist keinesfalls eine Sache der Neuzeit und hat dementsprechend nichts mit der neuen Generation zu tun. Menschen haben schon damals Wert auf die Kleidung gelegt und ihren sozialen Status über diese definiert und für alle anderen Menschen sichtbar markiert. Denke nur einmal darüber nach, wie du reagierst, wenn du vor einem Arzt und einem Anwalt oder vor einer Krankenschwester oder einer Putzfrau stehst. Alle Arbeiten sind in der Gesellschaft wichtig, dennoch werden sie mit unterschiedlichen Augen von den Menschen gesehen. So ist das Phänomen zu beachten, dass sich Menschen anderen Menschen, welche über einen höheren Status verfügen, deutlich anders verhalten, als dies bei Menschen der Fall ist, welche einen sozial geringeren Status besitzen. Wir haben oft das Gefühl eine vollkommen andere, gehobene Sprache verwenden zu müssen, wenn wir uns mit einem Anwalt unterhalten als dies der Fall ist, wenn wir mit einer Krankenschwester reden. Das ist nicht immer der Fall und trifft auch nicht auf alle Menschen zu, doch im größten Teil der Fälle ist genau dieses Phänomen zu beobachten.

Wir Menschen werten. Wir werten nicht nur uns selbst, sondern wir werten auch die anderen Menschen, welchen wir auf der Straße begegnen. Da wir einen Menschen, welchen wir zum ersten Mal sehen und, mit welchem wir uns nicht wirklich unterhalten, nicht über den Charakter definieren können, definieren wir ihn über das Erscheinungsbild. Und so kommt es, dass wir unser Gegenüber betrachten und es anhand der Kleidung bewerten. Wie ist der Mensch gekleidet? Kleidet er sich gut oder geht er augenscheinlich nachlässig mit sich um? Ist er dem Anlass angemessen gekleidet oder vielleicht viel zu overdressed oder zu lässig angezogen? Wir werten unsere Mitmenschen und werden von unseren Mitmenschen bewertet. Es wäre nun paradox zu sagen, dass es ein Geben und ein Nehmen ist, da die Wertungen in vielen Fällen nicht zu Gunsten unserer Mitmenschen ausfallen. Wir neigen dazu unsere Wertungen negativ zu verfassen und zu urteilen. Dabei vergessen wir voll und ganz, dass es nicht in unserem Ermessen liegt, das Aussehen der anderen Menschen zu beurteilen, genauso wenig, wie es in dem Ermessen unserer Mitmenschen liegt uns, und unser äußeres Erscheinungsbild zu bewerten. Und dennoch tun wir es.

Dieses System der Wertung des äußeren Erscheinungsbildes hat in unserem Leben einen sehr großen Einfluss – oft ist dieser deutlich größer als es uns lieb ist und als wir selbst zugeben wollen. Wie schon gesagt, definieren die Menschen über die Kleidung oft ihren sozialen Status. Aus diesem Grund ist es keine Seltenheit, dass wir uns alleine durch die Tatsache, dass vor uns ein gut gekleideter Anwalt im teuren Anzug steht, unterlegen fühlen und uns auch dementsprechend verhalten. Wieso? Wieso denken wir, dass ein Mensch mit einem sozial höheren Status mehr Wert ist als wir? Weil er mehr Geld verdient? Weil einen höheren Abschluss hat? Weil er sich teurere Kleidung kaufen kann? Und genau hier kommen die Fragen zur Anwendung, welche ich dir zuvor aufgezeigt habe. Wenn du dich von dem äußeren Erscheinungsbild anderer Menschen unterordnen lässt und dich selbst niedrig stellst, solltest du dein Wertesystem, deine Stärken und auch deine Glaubenssätze analysieren und gegebenenfalls überdenken. Denn, wir Menschen stehen, was den Wert angeht, alle auf einer Stufe. Was sich bei den einzelnen Menschen jeweils ändert, ist die Art und Weise, wie sie über sich selbst denken und wie sie sich selbst und die anderen Menschen wahrnehmen. Natürlich werden wir von unserem Umfeld bewertet – genauso, wie wir unser Umfeld bewerten. Allerdings heißt das nicht, dass wir diese Bewertungen an uns rankommen lassen müssen. Menschen, welche sich ihrer selbst und ihres Wertes nicht bewusst sind, lassen diese Bewertungen oder alleine das äußere

Erscheinungsbild an sich herankommen. Selbstbewusste Menschen, welche wissen, dass sie einen unbeschreiblichen Wert haben und sich dieser nicht basierend auf der Kleidung oder der Meinung anderer Menschen ändert, werden sich einem sozial höher gestellten Menschen nicht unterordnen, nur weil dieser einen teuren Anzug oder ein teures Kleid trägt.

Die Angst vor der Ablehnung

Kennst du das? Du möchtest unter keinen Umständen anecken, du möchtest gerne mit all deinen Mitmenschen, welche dich umgeben in Harmonie leben? Du möchtest, dass sich alle liebhaben und dass alle Menschen alle anderen Menschen akzeptieren und friedlich mit ihnen zusammenleben? Das ist eine Wunschvorstellung, welche so niemals möglich sein wird.

Das heißt nicht, dass wir Menschen nicht respektieren können. Respekt ist eine Sache, welche wir jedem Menschen – uns selbst in aller erster Linie – gegenüber bringen sollten, ganz egal, ob uns dieser Mensch sympathisch ist oder nicht. Nur, weil wir einen Menschen vielleicht nicht besonders mögen, heißt das nicht, dass wir den Respekt verlieren müssen. Allerdings liegen Welten zwischen dem Respekt und der Sympathie. Uns können nicht alle Menschen sympathisch sein und folglich können wir auch nicht allen Menschen, welchen wir begegnen sympathisch sein. Das ist unmöglich. Sicherlich hast du schon einmal etwas von der sogenannten Chemie zwischen Menschen gehört. Man sagt auch so schön, dass sich Menschen in bestimmten Fällen nicht riechen können. Und ganz so weit hergeholt ist dieser Spruch nicht. Wissenschaftler untersuchen seit vielen Jahren, wie es sein kann, dass sich Menschen, welche noch nie ein Wort miteinander gesprochen haben, sich also nicht kennen und nichts voneinander wissen, auf den ersten Blick so unsympathisch sind, dass sie absolut nichts miteinander zu tun haben wollen. Denn das kommt vor. Das ist dir mit Sicherheit schon mit Mitmenschen passiert, so wie es anderen Menschen mit Sicherheit auch mit dir passiert ist. Das heißt nicht, dass wir unliebsame Menschen sind, welche es nicht verdient haben geliebt und gemocht zu werden. Das heißt schlicht und ergreifend, dass wir mit einigen Menschen besser und mit anderen Menschen schlechter auskommen. Die Wissenschaftler, welche dieses Phänomen untersuchen, haben in diesem Zusammenhang festgestellt, dass wir Menschen einen bestimmten Duftstoff absenden. Die Rede ist dabei nicht von dem Shampoo oder dem Parfüm, mit welchem wir uns einsprühen und die Rede ist auch nicht von unangenehmen Gerüchen, welche wir absondern, wie zum Beispiel Schweiß, wenn wir sehr stark schwitzen. Die Rede ist von unseren natürlichen Gerüchen, welche wir nur subtil und nicht bewusst wahrnehmen. Es kommt vor, dass wir uns somit, im wahrsten Sinne des Wortes, nicht riechen können, wenn wir auf andere Menschen treffen, während wir andere Menschen umso besser riechen können, wenn wir auf sie treffen.

Was ich dir damit sagen möchte ist, dass es vollkommen normal und natürlich ist, dass wir von einigen Menschen abgelehnt werden und auch, dass wir selbst andere Menschen in unserem Umfeld ablehnen. Das heißt nicht, dass wir ihnen den Respekt entziehen und sie schlecht behandeln. Das heißt einfach, dass wir die Menschen meiden, uns nicht mit ihnen abgeben und uns stattdessen mit Menschen umgeben, welche wir mögen und von welchen wir wissen, dass wir geliebt und gemocht werden.
Allerdings ist auch dies wieder einfacher gesagt, als getan. Vor allem Menschen, welche in geringes Selbstbewusstsein und in diesem Zusammenhang oft auch ein sehr geringes Selbstwertgefühl haben, leben in der Regel in der ständigen Angst der Zurückweisung. Sie sind stets darauf bedacht, einen guten Eindruck bei anderen Menschen zu erwecken und diesen zu gefallen. Je mehr wir versuchen, den anderen Menschen zu gefallen, umso mehr entfernen wir uns von uns selbst und so mehr machen wir uns von der Meinung der anderen Menschen abhängig. Dadurch, dass wir uns von der Meinung unserer Mitmenschen abhängig machen,

machen wir uns selbst immer kleiner und definieren uns darüber, wie uns andere Menschen werten und, ob uns unsere Mitmenschen bewerten. Treffen wir auf einen Menschen, dem wir nicht sympathisch sind und, welcher uns folglich ablehnt, übertragen wir das auf uns selbst. Wir nehmen es persönlich und denken automatisch, etwas falsch gemacht zu haben, um nicht gemocht und nicht angenommen zu werden. Das ist eine weitere Sache, welche selbstbewusste Menschen deutlich anders machen. Sind wir uns unserer selbst und unseres Wertes bewusst, wissen wir, dass wir gut so sind, wie wir sind. Wer uns mag, mag uns. Wer uns nicht mag, mag uns nicht – solange wir dennoch Respekt gegenüber gebracht bekommen und dem Menschen Respekt gegenüber bringen, ist nichts Schlimmes daran. Es gehört zum Leben dazu, abgelehnt zu werden. Das ändert nichts daran, dass wir liebenswerte Menschen sind, welche es verdient haben von den Menschen geliebt zu werden. Dennoch müssen wir akzeptieren, dass wir nicht allen Menschen gefallen können. Das sollte auch auf keinen Fall das Ziel in unserem Leben sein. Du solltest es dringend vermeiden es allen Menschen recht machen zu wollen.

Da jeder Geschmack anders ist, hat jeder Mensch, welchem du jeden Tag über den Weg läufst, einen anderen Charakter, andere Wünsche und Interessen, andere Wertesysteme und andere Glaubenssätze, welche unter anderem darauf einspielen, ob er dich akzeptiert oder nicht. Würdest du dich jedem einzelnen Menschen anpassen, müsstest du immer und immer wieder eine andere Maske aufsetzen und dich verstellen. Willst du für eine Maske geliebt, gemocht und angenommen werden oder ist es dir nicht lieber, dass dich die Menschen und akzeptieren, weil du du bist? Ist es nicht schöner von Menschen angenommen zu werden, wenn sie wissen, wer du wirklich bist und, wer dein wahres „Ich“ ist?

Werde dir darüber bewusst, dass du nicht von allen Menschen gemocht werden kann. Sei dir deiner selbst bewusst und werde dir vor allem darüber bewusst, dass es Menschen gibt, welche dich lieben akzeptieren und annehmen. Und der erste Mensch, der dies machen sollte, bist du selbst. Diese Angst vor der Ablehnung ist auch mitunter ein Grund dafür, dass Menschen nach der Perfektion streben. Wir gehen davon aus, dass wir von allen Menschen gemocht und akzeptiert werden, wenn wir perfekt sind. Und perfekt sind wir automatisch dann, wenn wir keine Fehler machen – oder? Aus diesem Grund meiden wir die Herausforderungen, welche potenzielle Fehlerquellen hinter sich verbergen und somit offenbaren könnten, dass auch wir menschlich sind, Fehler machen und somit alles andere als perfekt sind. Und das ist gut so! Es ist gut, nicht perfekt zu sein, Fehler zu machen, hinzufallen, die Krone wiederaufzurichten und weiterzugehen. Es ist gut, aus den Fehlern zu lernen und es in Zukunft besser zu machen.

Um ein selbstbewusstes und vor allem glückliches und erfolgreiches Leben zu leben, müssen wir lernen und unabhängig zu machen. Wir dürfen den Menschen keine große Macht über uns geben, sodass wir uns über die Wertungen und die Meinungen unserer Mitmenschen definieren. Ich gefalle dir nicht? Ok – ich werde damit leben können, ich akzeptiere das, werde mir davon aber nicht meinen Tag, geschweige denn mein Leben negativ beeinflussen lassen. Wir müssen selbstbewusster werden und unser Selbstwertgefühl auf ein gesundes Level bringen, um uns von der Meinung der Menschen unabhängig zu machen. In einigen Fällen ist es nicht einmal die Meinung, welche in uns das Gefühl hervorruft nicht angenommen zu werden und nicht willkommen zu sein. In einigen Fällen reichen, wie gesagt, die Kleidung du der soziale Status unserer Mitmenschen aus, um uns selbst in eine bestimmte Position zu begeben.
Befreien wir uns von dieser Position und von der Abhängigkeit. Befreien wir uns von dem Streben danach, allen Menschen gefallen zu wollen und machen wir uns bewusst, dass wir es nicht allen Menschen recht machen und somit auch nicht allen Menschen gefallen können. Weißt du, wie viele Menschen es auf der Welt gibt? Viele!

Was machen da ein paar Menschen, welche dich nicht mögen? Sie sind nichts im Vergleich zu den wundervollen Menschen, welche du in dem Laufe deines Lebens kennenlernen und in dein Leben lassen kannst. Doch, um diese wunderbaren Menschen in dein Leben zu lassen oder von ihnen in ihr Leben gelassen werden zu können, musst du dich selbst in dein Leben lassen, dich selbst finden, dich selbst akzeptieren, dich selbst lieben und dir vor allem deines Wertes bewusstwerden. Rufe dir immer und immer wieder ins Gedächtnis, dass andere Menschen nicht persönlich etwas gegen dich haben müssen, wenn sie dich nicht annehmen können. Manchmal müssen wir uns nicht kennen, um sagen zu können, dass die Chemie fehlt – in einigen Fällen fehlt sie einfach und wir können nichts daran ändern. Dann sollten wir aber auch davon ablassen, mit dem Thema abschließen und uns auf die Menschen konzentrieren, welche uns annehmen, mögen und lieben.

Die Angst davor, die Kontrolle zu verlieren

Wenn wir nur ein geringes Selbstbewusstsein haben und uns unseres Wertes nicht bewusst sind, ist es keine Seltenheit, dass wir das Gefühl haben, keine Kontrolle über unser Leben zu haben. Was wir dabei vergessen oder vielleicht schlicht und ergreifend nicht sehen können ist, dass kein Mensch sein Leben so kontrollieren kann, dass es nie zu Fehlern oder zu Missgeschicken kommt. Wir schreiben die Geschichte unseres Lebens jeden Tag immer weiter. Jeden Tag haben wir eine neue weiße Seite zu Verfügung, welche wir in dem großen Buch unseres Lebens beschreiben können. Wir können die Seiten der Vergangenheit ansehen und durchlesen und aus diesen lernen. Was wir nicht machen können ist es, einen Blick auf die kommenden Seiten zu werfen. Das heißt, wir können zwar einen Blick auf die Seiten werfen, allerdings werden diese nicht sonderlich aufschlussreich sein, da sie noch nicht beschrieben sind. Unsere Zukunft steht in den Sternen und kann sich mit jeder Entscheidung, mit jedem Schritt in eine bestimmte Richtung und mit jedem Menschen, welchem wir über den Weg laufen, ändern. Nicht steht fest und wir haben somit keine direkte Kontrolle über bestimmte Dinge. Das macht vielen Menschen Angst und sie klammern sich aus diesem Grund an Dinge, welche sie kontrollieren können. Dieser Umstand führt jedoch dazu, dass wir uns von diesen Dingen abhängig machen, uns über diese definieren und nichts mit uns anfangen zu wissen, wenn wir einmal drohen die Kontrolle zu verlieren. Ich möchte dir diesbezüglich etwas erzählen. Es handelt sich um eine Situation, welche du mit Sicherheit kennst oder, mit welcher du dich identifizieren kannst.

Du kennst es sicher – du hast über Wochen hinweg an einer wichtigen Präsentation gearbeitet. Du hast dir die Nächte um die Ohren geschlagen, recherchiert, geübt und dir die besten Mittel zur Hilfe geholt, um die Präsentation „perfekt" zu machen. Nun ist der große Tag gekommen – der Tag der Präsentation. Zusammen mit deinen Kollegen, von welchen du vielleicht bei einigen weißt, dass du ihnen unsympathisch bist und die Geschäftsleitung sitzen bereits in dem Konferenzraum und warten gespannt auf deine Präsentation. Vielleicht wirst du dir denken, dass es unter all den Anwesenden ein paar Menschen gibt, welche es nicht abwarten können, dass du einen falschen Schritt machst, dich verhedderst oder scheiterst. Die Nervosität steigt und du fängst an zu Zittern. Die Schweißperlen laufen dir die Stirn herunter und du merkst, wie die Luft immer knapper wird. Du realisierst, dass du dich in wenigen Momenten vor deine Geschäftsleitung und deine Kollegen stellen wirst, um deine Präsentation vorzutragen. Auf einmal hast du das Gefühl, dass dein Herz von einer auf die andere Minute aus deinem Brustkorb springen könnte, wenn du nicht aufpasst und sich die Papiere in deinen Händen vor lauter Schweiß auflösen. Auf einmal erinnerst du dich nicht mehr an deinen Text und bist dir nicht einmal mehr sicher darüber, das richtige Thema behandelt zu haben, geschweige denn, was das Thema überhaupt war. Alles, worüber du dir bis vor einem Moment noch sicher warst, ist auf einmal alles andere als sicher. Das Gefühl – dieses negative und überwältigende Gefühl, welches du in deinem Inneren verspürst ist das

Gefühl, die Kontrolle zu verlieren. Du hast das Gefühl die Kontrolle über die Dinge zu verlieren, welche du bis vor kurzem kontrollieren konntest. Doch wieso ist das so? Wieso hast du panische Angst davor zu scheitern und die Kontrolle zu verlieren? Weil du dir selbst nicht vertraust und dich an ein bestimmtes Thema klammerst, welches du augenscheinlich kontrollieren kannst. In dem Moment kurz vor der Präsentation rufst du dir wieder ins Bewusstsein, wie wenig du dir zutraust und wie wenig du kannst und die vermeintliche Kontrolle, welche du über die Situation hattest, schwindet.

Du stehst nun inzwischen im Präsentationsraum und alle Augen ruhen auf dir. Du blickst durch die Runde, doch alles was du hörst, sind das laute Schlagen deines Herzens, das Rauschen des Blutes in deinen Adern und die innere Stimme, welche dir immer und immer wieder „Versager, Versager, Versager“ zuruft. Du kannst dich nicht mal mehr daran erinnern, wie dein Chef heißt, geschweige denn wie du dein Thema einleiten wolltest. Und dann bewahrheitet sie sich: Die sich selbst bewahrheitende Prophezeiung bewahrheitet sich. Du erwartest von dir zu scheitern und die Kontrolle zu verlieren und dein Unterbewusstsein ist mehr als erfreut darüber, dich dabei unterstützen zu dürfen. Es steht dir beiseite, um deine Angst davor die Kontrolle angemessen zu nähren und zu unterstützen und zu deinem

Unwohlsein beizutragen. Aber wieso verhältst du dich so? Wieso hast du eine so große Angst davor zu scheitern und zu versagen? Warum genau hast du eine so große Angst davor zu versagen? Hast du vielleicht Angst davor, nicht gut genug zu sein und, dass du bereits zum Scheitern verurteilt bist, bevor du effektiv mit deiner Präsentation starten kannst? Wieso hast du eine so große Angst vor Niederschlägen und vor dem Versagen?

Es ist wichtig, dass wir uns bewusst darüber werden, wieso wir Angst vor dem Scheitern haben und die Frage, wovor wir eigentlich eine so große Angst haben, für uns selbst zu klären. Oft wissen wir gar nicht, wieso wir Angst haben und worauf unsere Angst vor dem Scheitern basiert. Was wir wissen ist, dass wir Angst haben und, dass wir mit einer sehr großen Wahrscheinlichkeit in unserem Vorhaben scheitern werden. Um diese Angst vor dem Versagen überwinden zu können, müssen wir der Ursache auf den Grund gehen. Wir müssen verstehen, woher unsere Angst kommt und wieso diese eine so große Macht auf uns hat. Wieso konditioniert und das Gefühl des Scheiterns so sehr? Um den Ursachen auf den Grund zu gehen und effektiv an dem Problem arbeiten zu können, müssen wir uns zunächst einmal die Frage stellen, was es genau ist, wovor wir Angst haben. Wovor fürchten wir uns?

Wenn wir uns diese Frage stellen, werden wir uns im ersten Moment etwas komisch vorkommen. Es ist schließlich offensichtlich, wovor wir Angst haben, oder? Wir haben Angst vor dem Herzrasen, welches sich in unserem Brustkorb ausbreitet und wir haben Angst vor dem Schwindelgefühl, welches sich im ganzen Körper ausbreitet, wenn wir den Mund öffnen, um das erst Wort zu sprechen und die Präsentation zu starten. Wir haben Angst vor dem Schweiß, welcher sich unter den Achseln bemerkbar macht, wenn wir unseren Arm heben, um mit dem Zeigestock auf eine bestimmte Stelle der Wandpräsentation zu zeigen. Die Liste könnte immer so weiter gehen. Bevor wir diese aber noch detaillierter ausarbeiten, möchte ich uns stoppen. Denn bei diesen Ängsten handelt es sich nicht um die Ursachen, welche sich hinter der Angst verbergen, sondern es handelt sich um die Auswirkungen, sprich um die Nebeneffekte deiner Angst. Es handelt sich um automatische Gedanken, an welche du dich inzwischen gewöhnt haben müsstest. Allerdings empfindest du sie jedes Mal aufs Neue in einer Intensität, als ob du sie zum ersten Mal verspürst. Sobald du in eine Situation kommst, welche dir Angst macht, aktiviert sich dieser automatische Mechanismus. In diesen Momenten ist der erste wichtige Schritt der, dass wir erkennen, dass es sich um Mechanismen handelt. Wir müssen erkennen, dass wir nicht nur Ursachen, sondern mit Symptomen zu kämpfen habe, welche uns das Leben in diesem Moment denkbar schwermachen. Doch Symptome, so wie auch Krankheiten können bekämpft und besiegt werden. Und der erste Schritt in die richtige Richtung ist in diesem Zusammenhang eben der, dass du dir deiner Gedanken bewusstwirst. Sei nicht einfach nur das Objekt, welches die Gedanken erlebt und über sich ergehen lassen muss. Werde aktiv und bringe den Mut auf, deine Gedanken zu hinterfragen. Prüfe in den Momenten, in welchen du merkst, dass sich die Gefühle der Angst ihren Raum schaffen wollen, ob die damit im Zusammenhang stehenden Gedanken rational oder funktional sind und, ob diese folglich eine Daseinsberechtigung haben oder nicht. Automatisch Mechanismen, welche sich über die Jahre hinweg so eingespielt haben, haben keine Daseinsberechtigung und müssen beseitigt werden.

In diesem Zusammenhang spielt vor allem die Frage nach der Rationalität unserer Gedanken eine sehr große und wichtige Rolle. Wir müssen uns darüber bewusstwerden, ob unsere Gedanken rational begründet sind oder nicht. Unser Kopf hat einen sehr großen Einfluss auf uns, unser Verhalten und somit auch auf unser Wohlbefinden. Die Gedanken, welche sich in unserem Kopf ausbreiten, konditionieren unser Verhalten und sorgen dafür, dass wir uns wohl oder unwohl fühlen. Leider handelt unser Kopf, anders als es ihm immer nachgesagt wird, nicht immer rational. Normal genießt er das Bild der rationale und logische Gegner des Herzens zu sein und dieses in seine Schranken zu weisen. Wir erleben jedoch täglich etwas anderes. Wir erleben, dass auch unser Kopf nicht immer rational ist und sich von Gedanken übermannen lässt, welche keinen anderen Ursprung als die Angst haben. Diese Gedanken, welche sich basierend auf der Angst ihren Platz in unserem Kopf machen, sind unser größter Feind. Man könnte es auch so formulieren: „Wir selbst sind unser größter Feind." Denn es handelt sich um unsere Gedanken. Oder? Sind die Gedanken, welche uns das Leben schwer machen wirklich unsere Gedanken oder sind es Gedanken und Meinungen anderer Menschen, von welchen wir uns abhängig machen?

Es ist ein Mix aus beidem. Auf der einen Seite ist unser Selbstbewusstsein so gering, dass wir wirklich davon ausgehen, der Situation nicht gewachsen zu sein und auf der anderen Seite kann es sein, dass wir in der Vergangenheit unangenehme Erlebnisse hatten und uns von einem Kommentar oder von einer Situation konditionieren lassen. Vor allem, wenn wir in bestimmten Situationen mit Stress zu kämpfen haben, hören wir auf, rational zu denken und machen uns emotional angreifbar. Wir gehen davon aus, dass unser Kopf immer genau weiß, was er denkt. Doch mit dieser Annahme könnten wir falscher nicht liegen. Wüsste unser Kopf immer, was richtig ist und, was wir am besten machen sollen, würde es uns nicht so schwerfallen, Entscheidungen zu treffen oder die Präsentation vor unserem Chef abzuhalten. Wäre das Gehirn rational, würde es in diesem Moment wissen, dass du dich umfangreich und intensiv auf die Präsentation vorbereitet hast und aus diesem Grund bestens vorbereitet bist. Folglich musst du auch keine Angst vor dem Scheitern und dem Versagen haben. Dennoch übermannen dich diese Gefühle und Gedanken, was der beste Beweis dafür ist, dass dein Kopf nicht immer rational vorgeht. Aus diesem Grund ist es für dich sehr wichtig, nicht blind darauf zu vertrauen, was dich dein Kopf glauben lassen möchte. Das fällt dir bestimmt nicht leicht. Es ist nicht leicht eine Panikattacke zu verhindern, wenn sich diese langsam aber sicher anbahnt und mit jeder Sekunde immer stärker wird, bis du das Gefühl hast ohnmächtig zu werden. Panikattacken lassen dich Dinge glauben und spüren, welche so nicht präsent sind. Es ist nicht einfach diese Panikattacken zu besiegen und es wird auch nicht von einen Tag auf den anderen klappen. Doch, wenn du merkst, dass sich wieder einmal eine Panikattacke in deinem Inneren ausbreiten sollte, solltest du für einen kurzen Moment die Augen schließen und dir schlicht und ergreifend einmal vorstellen, wie es dir in diesem Moment gehen würde, wenn du keine Panikattacke hättest. Wie gut würde es dir gehen, wenn du dich nicht von den irrationalen Gedanken und der ebenfalls irrationalen Panik konditionieren lassen würdest? Konzentriere dich auf die schönen Dinge in deinem Leben, rufe dir deine Stärken ins Gedächtnis. Denke an all die positiven Dinge, welche dich ausmachen und vor allem rufe dir ins Gedächtnis, wie hart du an deiner Präsentation gearbeitet hast. Du hast dein Bestes gegeben und das ist gut genug. Dein Bestes ist gut genug, um vollkommen und aufrichtig stolz auf dich selbst sein zu dürfen.

In diesem Zusammenhang ist vor allem die Ablenkung das A und O. Je mehr du dich Momente vor deiner Präsentation mit dieser beschäftigst und dich auf diese konzentrierst, umso mehr wirst du dich selbst verunsichern. Negative Gedanken werden sich in deinem Inneren ausbreiten, dein Unterbewusstsein erneut nähren und zu deiner Unsicherheit, deinem Unwohlsein und deinen Panikattacken beitragen. Lenke dich ab und konzentriere dich auf positive, schöne, angenehme und entspannende Dinge. Meditiere, schaue deinen Lieblingsfilm, höre Musik, oder schreibe ein Tagebuch – was auch immer dich in dieser Situation entspannt und, was auch immer dazu beiträgt, dass du dich besser fühlst und von dem Druck, welchen du dir selbst machst, ablenkt, ist in diesem Fall legitim.

Je mehr du es schaffst der Positivität Raum in deinem Leben zu schaffen und somit die negativen Gedanken aus deinem Denkmuster zu vertreiben, umso weniger Macht gibst du deinen Panikattacken und den irrationalen Gedanken. Je mehr du dich auf deine Stärken und darauf konzentrierst, was du bereits geschafft hast, umso weniger Macht werden die Ängste und die, dir besten bekannten Symptome, Macht über dich, dein Verhalten und somit deine Präsentation und andere Dinge haben. Du scheiterst nicht und es gibt auch kein geschriebenes Buch, welches deine Lebensgeschichte zum Scheitern verurteilt. Erinnere dich immer wieder daran – du schreibst deine Lebensgeschichte. Du entscheidest, ob du die weiße Seite in dem Buch deines Lebens heute im zittrigen Händen und einem schwarzen Stift beschreibst, oder ob du die bunten Stifte fest und sicher in die Hand nimmst und die weiße Seite mit bunter Schrift und kleinen Bildchen versiehst. Auch mitten auf der Seite hast du immer die Möglichkeit den schwarzen Stift beiseite zu legen und den Griff zu festigen. Du hast immer die Möglichkeit deine Geschichte anders zu schreiben und der Positivität, der Selbstsicherheit und dem Selbstwertgefühl Platz in deinem Leben zu machen.

Vertrete deine eigene Meinung

Ein wichtiger Schritt, welchen wir gehen müssen, wenn wir auf der Suche nach unserem wahren „Ich“ und unserem

Selbstwertgefühl sind, ist der Schritt, unsere eigene Meinung zu kennen und diese anschließend zu vertreten. Es ist ein bisschen, als ob wir lernen zu laufen. Wir beobachten, wir versuchen, wir fallen und wir tun uns weh. Doch wir geben nicht auf. Wir stehen immer und immer wieder auf, versuchen es erneut und können schließlich unsere Schritte machen. Anfangs sind diese vielleicht noch etwas wackelig und wir müssen uns festhalten, doch nach einiger Zeit werden wir immer sicherer. Unsere Beine wackeln nicht mehr, wir können die Wand, an welcher wir uns entlanghangeln loslassen und laufen. Wir können rennen, springen und stolz auf uns sein. Dieser Prozess lässt sich auf unsere Meinung übertragen. Jeder Mensch hat eine Meinung. Die Frage, welche wir uns bezüglich der Meinung jedoch stellen müssen ist, ob es sich bei der Meinung um unsere eigene Meinung handelt, oder ob wir die Meinung unserer Mitmenschen angenommen haben und einfach blind nachplappern. Sind wir wirklich davon überzeugt, was wir meinen? Wenn dies nicht der Fall ist, liegt der Gedanke nahe, dass wir nicht unsere eigene Meinung vertreten. Wir können unsere Meinung nur unter dem Umstand authentisch vertreten, wenn wir hinter dieser stehen. Und hinter einer Meinung können wir nur unter der Voraussetzung stehen, dass es sich um unsere Meinung handelt.

Nicht immer sagen wir das, was wir denken und, was wir meinen. Wir haben das Gefühl uns mehr Respekt und Wohlwollen unserer Mitmenschen einzuhandeln, wenn wir uns ihrer Meinung anpassen und nachsagen, was sie meinen. Wir denken unserem Gegenüber damit zu schmeicheln und uns Pluspunkte bei diesem zu erarbeiten. Das mag zwar in einigen Fällen klappen, ist aber nicht immer der Fall. Zumal es nicht erstrebenswert ist, uns von anderen Menschen respektieren zu lassen, weil wir ihre Meinung nachsagen und nicht unsere eigene Meinung vertreten. Um uns selbst wertzuschätzen und uns selbst treu zu sein, müssen wir lernen, unsere eigene Meinung kennenzulernen und zu vertreten.

Wieso geben wir der Meinung anderer Menschen so viel mehr Gewicht, dass wir sie nachsagen? Wieso stellen wir uns und unsere Meinung auf eine so geringe Stufe? Unsere Meinung ist genauso viel Wert, wie die Meinung anderer Menschen. Wir müssen uns selbst nicht klein machen und unsere Meinung für uns behalten. Wir gehen automatisch davon aus, dass unsere eigene Meinung nicht gut genug ist oder andere Menschen vielleicht verletzen könnte. Dass wir uns selbst jedoch verleugnen, wenn wir unsere eigene Meinung nicht zulassen und diese ignorieren, machen wir uns nicht bewusst. Selbstverständlich kann es zu Konflikten kommen, wenn deine Meinung nicht der Meinung der anderen Menschen entspricht. Doch auch Konflikte sind ein Teil des Lebens. Die Menschen können sich nicht immer einig sein. Es ist nicht möglich, dass sich alle Menschen immer einig über bestimmte Dinge sind. Wichtig ist, rational über die unterschiedlichen Meinungen reden zu können. Und das ist nur unter der Voraussetzung möglich, dass du deine persönliche Meinung hast und diese vertrittst. Wie willst du anständig argumentieren, wenn du nicht einmal den Grund für die Meinung der anderen Menschen kennst, denen du ihre Meinung nachplapperst?

Auch das hört sich wieder leichter an, als es gesagt ist. Vielen Menschen fällt es undenkbar schwer, die eigene Meinung zu bilden. Wir sind oft verwirrt, wissen nicht was wir wollen und demnach auch nicht, was für eine Meinung wir uns zu einem bestimmten Thema bilden sollen. Schaffen wir es dann jedoch, uns eine Meinung zu bilden, kommt der nächste Schritt, welchen es zu überwinden gilt. Dieser besteht darin, für unsere eigene Meinung einzustehen und diese offen vor anderen Menschen zu äußern.

Wieso fällt es uns so schwer zu äußern, was wir denken und meinen? Weil wir uns selbst zu wenig Wert zuschreiben und, weil wir zu wenig Selbstbewusstsein haben. Wir gehen automatisch und ohne einen logischen Grund für diese Annahme zu haben, davon aus, dass die Meinung der anderen Menschen deutlich mehr zählt als unsere Meinung. Zu beobachten ist dieses Phänomen vor allem in dem Zusammenhang mit Autoritätspersonen. Befindet sich beispielsweise unser Chef vor uns oder reden wir mit einem Menschen, welcher einen sozial deutlich höheren Status genießt, haben wir automatisch das Gefühl, dass die Meinung unseres Gegenübers sehr viel mehr Wichtigkeit besitzt als unsere eigene Meinung.

In diesem Zusammenhang kommt es nicht selten zu dem sogenannten Mitläufer-Syndrom. Bei diesem handelt es sich um ein sehr bekanntes Syndrom, mit welchem viele Menschen zu kämpfen haben. Es ist deutlich einfacher mit dem Strom mit zu schwimmen. Vor allem dann, wenn es Menschen gibt, welche angeblich den Weg kennen und uns somit sicher durch die hohen und wilden Gewässer führen können. Doch, wer sagt uns, dass diese besagten Menschen wirklich wissen, in welche Richtung sie schwimmen müssen? Wer sagt uns, dass sie sich in den Gewässern auskennen und uns nicht ins Unglück führen? Da jedoch viele Menschen von diesem Mitläufer-Syndrom betroffen sind und sich von Menschen, welche ihre Meinung offen und laut mitteilen, mitreißen lassen, fällt es uns immer schwerer gegen den Strom zu schwimmen und unsere eigene Meinung zu äußern – vor allem dann, wenn sich diese von der allgemeinen Meinung differenziert.

Vor allem eloquente Menschen, welche wortgewandt sind und wissen, wie sie ihre Meinung mitteilen und sich mit ihr Respekt verschaffen können, haben die Macht andere Menschen mitzureißen. Wir trauen uns oft nicht gegen die Meinung dieser Menschen zu argumentieren, schlucken unsere persönliche Ansicht herunter, schalten unser Denken aus und laufen der führenden Person nahezu blind hinterher. Ohne dabei dramatisch klingen zu wollen, kann so etwas jedoch sehr schnell sehr gefährliche Ausmaße annehmen. Es kommt nicht nur dazu, dass wir uns immer mehr von uns selbst entfremden und nicht mehr selbstständig denken, sondern es kann zu gravierenden Folgen für die gesamte Menschheit kommen. Ohne groß auf das Thema einzugehen, dir aber zu veranschaulichen, was es bedeuten kann, die eigene Meinung nicht wahrzunehmen, zu verdrängen, das Denken zu unterlassen und blind eine eigene Meinung einer Führungsperson anzunehmen – nichts anderes ist zu den Anfängen des Nationalsozialismus passiert. Die schnelle und große Macht basierte auf der Tatsache, dass die Menschen durch die eloquenten Fähigkeiten und die Art und Weise, wie die Reden gehalten wurden, aufgehört haben selbst zu denken. Einige, weil sie eingeschüchtert waren und sich gar nicht mehr getraut haben, ihre eigene Meinung zu sagen, andere, weil sie von der Wortwahl gefesselt waren und tatsächlich das Gefühl hatten, dass es sich um ihre eigene Meinung handelt.

Es ist also wichtig, immer für dich und deine Meinung einzustehen, diese laut auszusprechen und hinter dieser zu stehen. Selbstverständlich sollte dies immer mit Respekt geschehen. Nur, weil sich Menschen unterschiedlicher Meinung sind, heißt das nicht, dass sie sich nicht mit Respekt gegenübertreten sollen. Respekt ist die Grundlage für einen guten und friedlichen Austausch unterschiedlicher Meinungen. Es gibt viele unterschiedliche Meinungen - jeder Mensch kann anderer Meinung sein. Wichtig ist eine respektable Kommunikation untereinander, in welcher jeder Mensch für seine eigene Meinung einstehen kann und nicht für diese verurteilt wird. Denn, nichts ist authentischer und wichtiger, als für sich selbst und für seine eigene Meinung einzustehen und diese zu vertreten. Die wichtige Frage, welche sich nun an dieser Stelle jedoch stellt, ist die Frage danach, wie du dir deine eigene Meinung bildest, bzw. woran du erkennst, ob du tatsächlich mit der Meinung eines anderen Menschen übereinstimmst, oder ob du einfach blind nachsagst, was dein Gegenüber sagt.

Um dir deine eigene Meinung bilden zu können und zu erkennen, ob es sich bei der Meinung, welche du aktuell zu einem bestimmten Thema hast, um deine eigene Meinung hat, musst du erst einmal tief in dich hineinfühlen. Es ist wichtig, deine Gefühle zuzulassen und offen und ehrlich zu dir selbst zu sein. Es bringt nichts, dir selbst etwas vorzumachen oder dir Gefühle vorzutäuschen, welche du nicht fühlst. Darüber haben wir bereits weiter oben gesprochen. Sei also ehrlich zu dir und fühle nach, welche Gefühle ein bestimmtes Verhalten in dir hervorruft. Höre dir für diese Zwecke die Meinungen der anderen Menschen genau an und fühle in dich hinein. Was löst die Meinung bei dir aus? Wie fühlst du dich, wenn der andere Mensch seine Meinung mit dir teilt? Bist du voll und ganz von der Meinung deines Gegenübers überzeugt? Löst die Meinung positive Gefühle in deinem Inneren aus und trifft somit auf Zuspruch? Kannst du, ohne auch nur den kleinsten Anflug von Widerstand oder flauem Gefühl im Magen sagen. Dass di mit der Meinung deiner Mitmenschen übereinstimmst? Wenn dem so ist, dann kannst du tatsächlich und authentisch behaupten, dass es sich bei der Meinung nicht nur um die Meinung deines Gegenübers, sondern auch um deine Meinung handelt. Daran ist nichts Verwerfliches. Es besteht eine große Wahrscheinlichkeit, dass du mit deiner Meinung nicht alleine dastehst und somit über eine Gemeinsamkeit verfügst, welche dich mit anderen Menschen verbindet. Solltest du jedoch auch nur den kleinsten Anflug von Widerstand verspüren, wenn deine Mitmenschen ihre Meinung mit dir teilen, solltest du einen genauen Blick auf die Tatsachen werfen. Das Gefühl des Widerspruches erkennst du daran, dass sich in deinem Inneren die Lust breitmacht, Gegenargumente zu finden und deinem Gegenüber ins Wort zu fallen. Der Widerspruch macht sich dadurch bemerkbar, dass in deinem Inneren kein Gleichgewicht herrscht und sich ein flaues Gefühl in deiner Magengegend breitmacht.

Betrachte die Umstände, die Tatsachen und höre dir die Meinung dennoch bis zum Schluss an. Basierend auf den geltenden Umständen und Tatsachen kannst du dir nun deine eigene Meinung bilden. Dass es sich um deine Meinung handelt erkennst du daran, dass du ein gutes und positives Gefühl verspürst, wenn du diese aussprichst und dich nicht dazu zwingen musst, die Worte über deine Lippen gleiten zu lassen. Es ist in sehr wichtig, dass wir uns unsere eigene Meinung zu den unterschiedlichen Dingen bilden. Wir sind uns selbst dazu verpflichtet uns unsere eigene Meinung zu bilden, hinter ihr zu stehen und diese zu vertreten. Wir sollten tunlichst davon absehen, Meinungen anderer Menschen hinterherzulaufen, welche nicht unsere Eigenen sind. Denn, auch wenn Menschen augenscheinlich klug, weise und erfahren sind, heißt das im Umkehrschluss nicht automatisch, dass wir dumm sind und nichts von der Welt verstehen. Die Welt ist kompliziert, die Welt ändert sich immer und immer wieder und auch die Menschen ändern sich. Meinungen ändern sich. Nichts ist konstant und alles unterliegt einem ständigen Prozess. Aus diesem Grund gibt es keinen Menschen, welcher die Welt voll und ganz versteht und alle Prozesse nachvollziehen geschweige denn voraussehen kann. Jeder Mensch hat eine andere Meinung bezüglich unterschiedlicher Themengebiete. Kein Mensch genießt das Privileg über die richtige Meinung zu verfügen. Jeder Mensch hat seine ganz persönliche Meinung. Ob diese ethisch korrekt ist sei in diesem Rahmen einmal dahingestellt, doch eine Meinung ist eine Meinung. Deine ganz persönliche Meinung setzt sich dabei aus deinen Erfahrungen und deinen Werten zusammen und du solltest dir vor keinem Menschen das Recht nehmen lassen, dir deine eigene Meinung zu bilden. Vielleicht vermeiden wir es in einigen Situationen unsere Meinung offen mit unseren Mitmenschen zu teilen. Manchmal machen wir das, weil wir vielleicht keine Lust auf eine Diskussion haben und in anderen Fällen machen wir das, weil wir uns nicht trauen unsere Meinung zu sagen. Aus welchen Gründen auch immer wir unsere Meinung für uns behalten und diese nicht mit unserem Umfeld teilen – es ist nie gut, die eigene Meinung nicht zu teilen. Behalten wir unsere Meinung für uns, lassen wir nicht nur die anderen Menschen in dem Glauben, dass wir mit ihrer Meinung übereinstimmen, sondern wir rufen auch einen inneren Konflikt in uns hervor. Zumal es früher oder später zu einem noch größeren

Konflikt führt, wenn wir unsere Meinung doch nicht für uns behalten und das Gegenüber dann mit dieser überfahren, nachdem es davon ausgegangen war, dass wir mit ihm übereinstimmen.

Du und auch deine Mitmenschen haben nichts davon, wenn du deine Meinung für dich behältst um eine vermeintliche Harmonie zu schaffen. In deinem Inneren wirst du immer unzufriedener und unglücklicher und solltest aus diesem Grund immer deine Meinung äußern. Das wird dir vor allem zum Anfang alles andere als einfach fallen, doch, wenn du mit Respekt und mit Authentizität hinter deiner Meinung stehst, deinen Standpunkt verdeutlichst und den anderen Menschen nicht angreifst, stellen die unterschiedlichen Meinungen und der korrekte Umgang untereinander eine solide Basis dar, um diskutieren zu können. Vielleicht gelingt es dir die ersten Male noch nicht, deine Meinung zu äußern und du hast Hemmungen davor deinen Standpunkt vor den anderen Menschen klar zu machen. Es kann sein, dass du Zuhause vor dem Spiegel üben musst, selbstbewusst und selbstsicher aufzutreten. Es kann sein, dass du die ersten Male nicht deine ganze Meinung vertrittst. Doch es wird von Mal zu Mal immer besser werden, bis zu schließlich voll und ganz für dich und für deine Meinung einstehen können wirst. Für dich und deine Meinungen einzustehen, wirkt sich durch und durch positiv auf dein Leben aus. Du wirst dich über ein sehr viel größeres Selbstbewusstsein freuen dürfen und kannst deutlich sicherer und selbstbewusster auftreten. Das ist nicht nur ein Booster für dein Selbstbewusstsein und dein Selbstwertgefühl, sondern führt gleichzeitig auch dazu, dass dir Menschen mehr Respekt einbringen und dich mit deiner Meinung ernst nehmen.

Die beste Übung, welche du in diesem Zusammenhang machen kannst, ist die Spiegelübung. Es mag anfangs vielleicht etwas ungewohnt sein, deinem eigenen Spiegelbild deine Meinung zu sagen, doch du bist die Person, welcher du am meisten vertrauen solltest. Du bist die Person, welche dich unendlich und bedingungslos liebt und die Person, welche dich wertschätzt und respektiert. Du bist die Person, welcher du alles sagen können darfst, ohne dich unwohl fühlen zu müssen.
Schaue dir in die Augen und sage dir selbst deine Meinung. Wiederhole diese Meinung immer und immer wieder – so lange, bis du die Worte nicht mehr über deine Lippen zwängen musst, sondern diese, wie von alleine über sie rutschen und sich Gehör verschaffen. Du kannst dir dabei ganz eigene Beispiele überlegen und dir den Satz oder die Sätze immer und immer wieder sagen.

Ein Beispiel wäre in diesem Zusammenhang beispielsweise:

„So, jetzt hör mir mal zu! Warum sagst du eigentlich nie deine eigene Meinung? Damit ist jetzt Schluss! Ab heute sagst du öfter einfach mal, was du denkst, ok?“

Ja – du wirst dir am Anfang vielleicht etwas komisch vorkommen. Du stehst vor dem Spiegel und sprichst mit dir selbst. Wenn du dies zuvor noch nie gemacht hast, kann es durchaus sein, dass du dir komisch dabei vorkommst und lachen musst. Doch mit der Zeit wirst du merken, wie es dir immer einfacher fallen wird, dir deine eigene Meinung zu sagen. Du wirst feststellen, dass absolut nichts Schlimmes oder Verwerfliches daran ist, wenn du dir selbst deine Meinung sagst und wirst dich sogar nach einiger Zeit über die positiven Folgen freuen dürfen, welche du durch diese Übung verspürst. Du wirst dich selbstbewusster fühlen, deine Meinung besser formulieren und sie schließlich auch vor anderen Menschen positionieren und vertreten können. Ein ehrlicher Meinungsaustausch mit anderen Menschen ist die positive Folge und der Gewinn dieser Übung. Rufe dir immer wieder ins Gedächtnis, dass du kein schlechter Mensch bist, nur weil du anderer Meinung ist. Du bist einfach nur du – ein anderer, selbstständiger und eigenständiger Mensch, welche seine eigenen Gedanken, Werte und Erfahrungen hat und somit auch über eine eigene Meinung verfügt. Daran ist absolut nichts verwerflich. Im Gegenteil – du solltest stolz auf dich sein, wenn du an dem Punkt ankommst, deine Meinung offen und ehrlich, mit Respekt und Offenheit mitteilen und in einem freundlichen und respektvollen Meinungsaustausch diskutieren zu können.

Die Missgunst und die Schadenfreude

Leiden wir unter einem geringen Selbstbewusstsein und einem geringen Selbstwertgefühl, geht dies oft mit dem Umstand einher, dass wir automatisch davon ausgehen, dass es andere Menschen sehr viel besser als wir haben. Wir gehen davon aus, dass wir deutlich ärmer dran sind als andere Menschen und nur unser Umfeld von Freude, Glück und Erfolg beglückt wird. Für uns scheint das Leben Enttäuschungen, Unterlegenheit und Misserfolge bereitzuhalten. Ist das so? Sind die anderen Menschen wirklich besser dran als wir? Wieso denken wir, dass andere Menschen erfolgreicher und glücklicher als wir sind und wieso können wir nicht auch mehr Erfolg haben und ein glücklicheres und zufriedeneres Leben leben? Ob wir erfolgreich und glücklich sind, liegt ganz an uns. Es liegt an unserer Einstellung zu uns und unserem Leben. Sind wir negativ eingestellt, erwarten wir von uns nichts anderes, als das wir scheitern. Sind wir positiv eingestellt, glauben an uns, sind uns unseres Wertes bewusst und agieren selbstbewusst, wird sich der Erfolg schneller einstellen als wir uns das je zu träumen gewagt hätten.

Dennoch kennen wir alle das negative Gefühl, welches uns in den Wahnsinn treibt – das Gefühl der Schadenfreude und der Missgunst. Das Gefühl jubelnd durch die Gegend zu laufen, wenn einem anderen Menschen, welcher von Erfolg und Glück in seinem Leben gesegnet zu sein scheint, ein Missgeschick unterläuft. Dieses Gefühl der Schadenfreude mag im ersten Moment ein positives Gefühl sein, stellt sich im Nachhinein jedoch als recht negatives und keinesfalls erstrebenswertes Gefühl heraus. Dabei stellt sich nun die Frage, wieso wir überhaupt Schadenfreude empfinden? Wieso reagieren wir mit Missgunst, wenn andere Menschen Erfolg haben?

Die Antwort auf die Frage kenne wir, im Grunde genommen, alle. Wir reagieren mit Neid und mit Missgunst, weil wir neidisch sind. Wir reagieren mit Schadenfreude, weil wir endlich einen Beweis dafür gefunden haben, dass nicht nur unser Leben so mies ist, sondern auch andere Menschen nicht immer erfolgreich sind. Diese Gefühle mögen auf den ersten Blick befreiend sein. Der Schlag mit der Faust ins Gesicht kommt hinterher. Der Schlag kommt, wenn wir immer noch dabei sind jubelnd um den Scheiterhaufen des anderen Menschen zu tanzen und dessen Misserfolg schadenfroh zu feiern und dabei gar nicht bemerken, dass der Betroffene bereits wieder voll am Schaffen ist und den nächsten Erfolg erreicht hat. In diesem Fall macht sich nicht nur noch mehr Missgunst in uns breit, sondern wir verspüren auch deutlich mehr Neid. Wieso hat es der Betroffene geschafft, sich von dem Misserfolg zu erholen und sich nun schon wieder über einen Erfolg freuen zu dürfen? Wieso ist es nur den anderen Menschen gegönnt, erfolgreich und glücklich zu sein, während wir uns mit unserem Leben zufriedengeben müssen?

Stopp! Niemand sagt, dass wir uns mit unserem Leben zufriedengeben müssen. Wir sollten zwar stets die Dinge wertschätzen, welche wir haben, doch das hält uns nicht davon ab, an uns und unserem Erfolg zu arbeiten. Den erfolgreichen Menschen wird der Erfolg nicht in die Wiege gelegt. Die Kunst steckt in dem positiven Denken, der Arbeit an sich selbst, der hohen Wertschätzung, welche sich die erfolgreichen Menschen selbst gegenüberbringen und dem Fokus, welchen sie auf den Erfolg lenken. Schadenfreude zu empfinden ist kein schönes Gefühl und keinesfalls eine Tugend, welche wir anstreben sollten. Kennst du das? Du läufst gegen eine Scheibe und tust dir weh – dein Umfeld lacht, während du ganz und gar nicht über dein Missgeschick lachen kannst. Allerdings ist es keine Seltenheit, dass Menschen schadenfroh auf ihr Umfeld reagieren. Vor allem die Unterhaltungsbranche setzt vermehrt auf das Gefühl der Schadenfreude und gestaltet seine Sketche, Filme und Theaterstücke dementsprechend.

Dabei vergessen wir jedoch, dass es alles andere als richtig, geschweige denn angenehm für die Betroffenen ist, wenn das Umfeld schadenfroh auf Missgeschicke reagiert.

Wir müssen aus diesem Grund lernen, mit unserem Neid umzugehen, welcher die Basis der Schadenfreude und der Missgunst bildet. Wir können anderen Menschen ihren Erfolg nicht gönnen und freuen uns, wenn sie in ihrem Vorhaben scheitern. Wir sind so auf die Negativität fokussiert, dass wir den anderen genau dasselbe Schlechte wünschen, welches wir unserer Meinung nach haben, anstatt uns selbst dasselbe Positive zu wünschen, was wir bei den anderen Menschen so sehr beneiden. Es besteht also ein grundlegender Denkfehler in unserem Denkmuster, welchen wir ändern sollten. Anstatt uns zu wünschen, dass es anderen Menschen genauso schlecht geht wie uns, sollten wir uns darauf konzentrieren uns selbst einen ebenso großen Erfolg zu wünschen, wie ihn die Menschen, auf welche wir neidisch sind und auf welche wir mit Missgunst reagieren, haben.

Natürlich tut es im ersten Moment weh zu sehen, dass andere Menschen sehr viel mehr haben als wir. Es tut weh zu sehen, dass andere Menschen mehr Dinge besitzen als du und erfolgreicher in dem sind, was sie machen. Das wiederum macht dicht traurig und wütend. Du bist neidisch und wärst gerne an der Stelle der erfolgreichen Menschen. Du findest, dass auch dir Erfolg zusteht? Du denkst, dass es ungerecht ist, dass andere Menschen erfolgreich sind und du nicht? Auch, wenn diese Gefühle durch und durch negativ sind, kannst du sie zum Positiven wenden und die Energie, welche du in den Neid, die Missgunst und die Schadenfreude steckst, zu deinem Vorteil nutzen, an dir arbeiten und ebenfalls erfolgreich und glücklich werden. Erfolgreiche Menschen verschwenden ihre Zeit nicht damit, andere Menschen zu beneiden. Vielmehr nehmen sie den Erfolg anderer Menschen als Ansporn, mindestens genauso gut, wenn nicht sogar besser zu werden.

Für deinen persönlichen Erfolg, aber auch für deine innere Einstellung und dein Leben ist es sehr wichtig, dass du lernst mit dem Neid umzugehen und diesen zu besiegen. Der ständige Vergleich deiner selbst mit anderen Menschen nährt die negativen Gefühle immer mehr, sodass diese früher oder später in einem wahren Hass enden können. Dieser Entwicklung solltest du so schnell, wie möglich entgegenwirken. Sehe davon ab, dich ständig mit den anderen Menschen zu messen, diese herunterzumachen und nach kleinen Fehlern und Missgeschicken zu suchen, um dich dann über diese freuen zu können. Erstens, ist das für dich und dein inneres Gefühl pures Gift und, zweitens, wird es selbstbewusste und erfolgreiche Menschen, welche mit sich selbst im Reinen sind, nicht Jucken, ob du neidisch bist oder dich darüber freust, dass sie ein Missgeschick erlebt haben. Lerne dich für andere Menschen, vor allem aber für dich zu freuen, arbeite an dir, definiere deine Wünsche und deine Ziele und akzeptiere dich so, wie du bist. Nochmal: Das heißt nicht, dass du dich auf deiner Situation und auf deinen Umständen ausruhen solltest. Du solltest aufhören an dir und deinen Wünschen und Träumen zu arbeiten. Nehme diese negativen Gefühle des Neides zum Anlass, an deinem eigenen Erfolg zu arbeiten und ein ebenso glückliches und erfolgreiches Leben zu leben, welches du bei den anderen Menschen so sehr beneidest.

Mit dem Gefühl des Neides geht auch oft das Phänomen einher, dass wir den erfolgreichen Menschen unter keinen Umständen unsere Glückwünsche aussprechen wollen. Wir wollen ihnen nicht zeigen, dass wir sie, tief in unserem Inneren bewundern und uns eigentlich nur fragen, welcher Strategie sie verfolgen, um so erfolgreich zu sein. Schaffen wir es jedoch endlich, unseren Neid abzulegen und uns auf die Positivität zu konzentrieren, werden wir es auch schaffen erfolgreiche Menschen zu beglückwünschen und sie gegebenenfalls nach ihrer Erfolgsstrategie zu fragen. Sehe die erfolgreichen Menschen nicht als Trigger, welche die Gefühle des Neides, der Missgunst und der Schadenfreude in dir aktivieren, sondern sehe diese als Inspiration dafür, selbst aktiv zu werden. Sehe sie als Inspiration an die selbst, deinem Leben und deiner Einstellung zu arbeiten, um auch ein glückliches und erfolgreiches Leben leben zu können.

Wir neigen dazu, uns ständig mit anderen Menschen zu vergleichen. Dieser Vergleich unserer selbst mit anderen Menschen führt letzten Endes dazu, dass wir die negativen Gefühle, wie Neid, Missgunst und auch Schadenfreude erleben. Wir müssen lernen, uns mit anderen Menschen zu vergleichen, ohne diese negativen Gefühle zuzulassen. Denn der Vergleich an und für sich ist nicht schlecht, sondern führt uns, wenn wir ihn richtig angehen, zum Erfolg. Wichtig ist, dass wir uns darauf konzentrieren, was wir machen sollten, um ebenso erfolgreich zu werden, anstatt unseren Fokus darauf zu lenken, was die anderen haben, was wir nicht haben. Wir dürfen den Vergleich nicht nutzen, um uns selbst klein zu machen, sondern müssen lernen diesen zu unserem Vorteil zu nutzen und uns folglich Inspirationen für unser eigenes Handeln zu holen. Der Sinn und Zweck des Vergleichs ist es nicht, dich niederzumachen und abzuwerten. Dein Wert ist immer derselbe. Du besitzt den gleichen unendlichen Wert, wie die erfolgreiche Person mit dem augenscheinlich besseren Leben. Weder dein Verhalten, doch dein Besitz und auch nicht dein Aussehen werten dich auf oder ab. Du musst lediglich lernen deinen Wert zu erkennen und wertzuschätzen, um über einer der wichtigsten Ressourcen zu verfügen, welche dich zum dem wohlverdienten Erfolg im Leben bringen.

Um in diesem Vorhaben erfolgreich zu sein, solltest du dir einige Fragen stellen und die Türen öffnen, um die Positivität in dein Leben zu lassen. Fragen, welche in diesem Zusammenhang wichtig und hilfreich sind, sind unter anderem Fragen, welche sich damit beschäftigen, was du mit deinen Eigenschaften und Vorzügen zu bieten hast und in welchen Bereichen deine Stärken liegen. Was kannst du besonders gut?

Ebenso ist es wichtig, dich selbst zu fragen, was an dir selbst besonders charakteristisch ist? Und zu guter Letzt ist die wohl interessanteste und wichtigste Frage die Frage nach deinen bereits erzielten Erfolgen. Welche Erfolge konntest du in deinem Leben bereits verzeichnen und, was war es, was dich zu diesen Erfolgen geführt hat? Welchen Handlungen und Einstellungen hast du deinen Erfolg zu verdanken?

Inzwischen hast du die Wichtigkeit des positiven Denkens verstanden und bist aus diesem Grund auch dazu in der Lage diese Fragen mit einem positiven Fokus und nicht mit negativen Gedanken zu beantworten. Gebe den negativen Gedanken keinen Raum und fokussiere dich stattdessen auf deine zweifelsfrei vorhandenen Stärken und Erfolge. Genieße das Gefühl des Stolzes, welches sich in dir breitmacht, wenn du an deine Erfolge denkst. Genieße die Positivität, welche dein Inneres erfüllt und halte diese Gefühle fest. Erinnere dich in Situationen, in welchen die Negativität droht, Überhand zu nehmen, an die Macht dieser positiven Gefühle und vertreibe mit ihnen Stück für Stück, immer mehr die Negativität aus deinem Leben.

Akzeptiere deinen Status Quo, ohne dabei deinen Wunschstatus nicht aus den Augen zu verlieren und vertreibe die negativen Gefühle immer mehr aus deinem Leben, bist du dich wirklich ehrlich und aufrichtig für deine Mitmenschen freuen kannst, wenn die einen Erfolg verzeichnen. Anstatt deinen Blick darauf zu lenken, was du nicht hast, solltest du lernen dich darauf zu fokussieren, was du alles in deinem Leben hast und wofür du zu dem jetzigen Zeitpunkt dankbar sein darfst. Das Gefühl der Dankbarkeit ist ein durch und durch positives und erstrebenswertes Gefühl, welches du jeden Tag erleben können solltest. Nehme dir beispielsweise jeden Abend etwas Zeit für dich selbst und reflektiere deinen Tag. Was hast du an dem heutigen Tag erlebt? Was ist dir passiert, wofür du dankbar bist? Es müssen dabei keine großen Dinge sein – oft sind es die augenscheinlich banalsten Dinge, für welche wir dankbar sein sollten. Wir sehen viel zu viele Dinge als selbstverständlich an und haben aus diesem Grund Schwierigkeiten damit Dinge zu finden, für welche wir dankbar sind. Finde jeden Tag mindestens eine Sache, für welche du dankbar bist. Und sei es die Tatsache, dass du am Morgen gesund aufgewacht bist, einen warmen Kaffee in Ruhe trinken durftest und der Bus pünktlich kam, sodass du nicht lange in der Kälte warten musstest. Um Großes zu erreichen, musst du erst einmal lernen, die kleinen Dinge im Leben wertzuschätzen. Denn der Erfolg kommt auf leisen Sohlen, in kleinen Schritten, welche du nur sehen kannst, wenn du einen Blick und eine Dankbarkeit für die kleinen Dinge entwickelst. Lernst du es, für die Dinge, welche du hast dankbar zu sein, bist du bereits unglaublich reich. Erst, wenn du dieses Gefühl des Reichtums und der Dankbarkeit in deinem Inneren verspürst, wirst du über die Voraussetzung verfügen, dich für den Erfolg zu öffnen. Die Türen des Erfolges sind nicht verschlossen, doch du kannst diese erst erkennen, wenn du dich ihnen in kleinen Schritten näherst. Aus der Ferne scheinen sie verschlossen zu sein. Gehe in kleinen Schritten immer mehr in die Richtung des Erfolgs und sehe immer mehr, dass die Tür offen steht und du durch diese gehen kannst.

Die Trennung

Es gibt viele unterschiedliche Gründe und Ursachen, welche dazu führen können, dass wir über ein geringes

Selbstwertgefühl und ein ebenso geringes Selbstbewusstsein verfügen. Einige Ursachen habe ich dir bereits aufgeführt. Nicht selten, sogar in dem größten Teil der Fälle sind ein geringes Selbstwertgefühl und Selbstbewusstsein auf die Erlebnisse und Traumata der eigenen Kindheit zurückzuführen. Wer eine unbeschwerte Kindheit genießen durfte, ist Enttäuschungen im Erwachsenenalter gegenüber jedoch leider nicht immun. Und für Menschen, welche bereits unangenehme und negative Erfahrungen in der Kindheit machen mussten, bekommen mit weiteren Enttäuschungen im Erwachsenenalter den Rest.

Ein großer Auslöser, welcher das eigene Wohlbefinden durch und durch negativ beeinflusst, ist eine Trennung. Dabei ist es vollkommen egal, um welche Trennung es sich in diesem Fall handelt. Trennungen jeder Art, welche in uns negative Emotionen hervorrufen, wirken sich negativ auf unser allgemeines Wohlbefinden und auf unser Selbstwertgefühl aus. Oftmals gehen wir automatisch davon aus, dass wir schuld an der Trennung und somit der Auslöser für unser eigenes Unwohlsein sind. Wir haben somit nicht nur mit der Trennung selbst, sondern auch mit den erdrückenden Schuldgefühlen zu kämpfen, welche mit der Trennung einhergehen. Als Folge dessen ziehen wir uns immer mehr in uns selbst zurück und fokussieren uns immer mehr auf die negativen Gefühle, welche die Trennung in uns hervorruft.

Waren wir zuvor schon unsicher und von Negativität geprägt, sorgt die Trennung unter Umständen dafür, dass diese negativen Gefühle durch die weiteren negativen Gefühle der Trennung diese Emotionen verstärken.
Ja – eine Trennung tut weh und es ist nie schön sich von einer Konstante im Leben verabschieden zu müssen. Selbst wenn es sich nicht um eine Konstante handeln solle, welche sich mit der Trennung von uns verabschiedet, tut die Trennung dennoch weh und gibt uns zu denken.
Wir reagieren mit Selbstvorwürfen, schlagen und die Nacht um die Ohren und werden von den Gedanken daran festgehalten, was wir vielleicht hätten besser machen können, um die Trennung zu verhindern. Wir neigen dazu, das Bild nicht als Ganzes zu sehen, sondern die Ursache und somit die Schuld an der Trennung nur in uns zu suchen und unser Selbstwertgefühl dementsprechend immer weiter sinken zu lassen.

Dass wir so reagieren liegt unter anderem an dem Schmerz, welchen eine Trennung in unserem Inneren hervorruft. Wir sehen die Trennung generell und ohne dies anzuzweifeln als durch und durch negativ an. Eine Trennung ist für uns immer etwas Schlechtes. Und schlechte Dinge können in unserem

Denkmuster nur zu schlechten und negativen Folgen führen. Wir dürfen traurig sein, wir dürfen unserer Wut und unserer Enttäuschung Raum schaffen und diese somit voll und ganz ausleben. Wir dürfen diese Emotionen zulassen und erleben. Wir müssen uns von ihnen befreien, um zu verhindern, dass sie sich in uns ansammeln und mit ihrer Wucht und ihrem Gewicht erdrücken. Wir dürfen Weinen, Schreien, das Kissen schlagen und uns den ganzen Tag mit Schokolade und Eierlikör vor den Fernseher setzen und eine romantische Komödie nach der anderen schauen. Das alles dürfen wir machen, um Raum für die positiven Gefühle zu schaffen, auf welche wir uns hinterher konzentrieren wollen.

Eine Trennung ist im ersten Moment das Schlimmste, was uns passieren kann. Sie ruft eine Reihe negativer Gefühle in uns vor und wir haben vielleicht im ersten Moment den Eindruck, nie wieder Glück verspüren zu können. Wenn wir jedoch lernen, die Trennung nicht nur negativ zu betrachten, sondern diese als Möglichkeit zu sehen, neue Wege einzuschlagen, neue Erkenntnisse zu sammeln und an dir zu arbeiten, wirst du erkennen, dass eine Trennung nicht automatisch schlecht sein muss, nur weil es eine Trennung ist. Eine Trennung kann auch in einer Verbesserung deiner selbst und in Erfolg münden. Du kannst an den Fehlern lernen, welche zu der Trennung geführt haben und du kannst anhand der Erinnerungen definieren, was du in

Zukunft anders machen möchtest und, was dir besonders wichtig ist. Du kannst viele positive Erfahrungen für deine Zukunft aus einer Trennung mitnehmen. Das mag dir im ersten Moment unmöglich erscheinen, doch wenn du erst einmal den Emotionen freien Lauf gelassen und diese intensiv erlebt hast, um den positiven Gedanken und Emotionen Raum zu schaffen, wirst du dich selbst davon überzeugen dürfen, dass sich hinter jeder Trennung eine Chance verbirgt. Lasse diese nicht verstreichen, greife sie und wende die augenscheinlich negative Trennung zum Positiven.

Das hört sich nun, wie es in der Theorie oft der Fall ist, sehr einfach und unkompliziert an. In Wahrheit ist der Umgang mit einer Trennung für viele Menschen jedoch eine sehr große und augenscheinlich unüberwindbare Herausforderung. Es ist nicht einfach mit einer großen Enttäuschung umzugehen und in einigen Fällen haben Betroffene sogar mit schweren Folgen, wie zum Beispiel einer Depression zu kämpfen. Diese Folgen sind auf keinen Fall zu unterschätzen. Leidest du aufgrund der Enttäuschung einer Trennung unter einer Depression, solltest du nicht an dieser zugrunde gehen, sondern dir überlegen, an welcher Stelle du dir Hilfe suchen kannst. Du stehst mit deiner Depression nicht alleine da – viele Menschen kämpfen mit dieser Folge einer bitteren

Enttäuschung oder einer Aneinanderreihung mehrerer Enttäuschungen. In jedem Abschnitt deines Lebens ist es wichtig, dass du in dich hineinfühlst und dir deiner wahren Gefühlswelt bewusstwirst. Es ist wichtig, dass du dir und deiner Einschätzung selbst vertrauen kannst, um festzustellen, wann der Punkt gekommen ist, an welchem du dir professionelle Hilfe suchen solltest. Stellst du fest, dass sich zum Beispiel suizidale Gedanken und Verhaltensweisen in deinem Inneren und auch in deinem Handeln breitmachen oder, wenn du bemerkst, dass du dich immer mehr in dich selbst zurückziehst und dich von deinen Freunden und Verwandten entfernst, solltest du dir selbst so viel Wert sein, um dich aus dieser Situation herauszuholen. Das heißt nicht, dass du das alleine schaffen musst, doch du musst den ersten Schritt wagen und dir professionelle Unterstützung holen. Mindestens genauso schlimm wie eine Trennung, wenn nicht sogar schlimmer, ist eine toxische und ungesunde Beziehung, welche kein Ende findet. Von einer Trennung kannst du dich nach einiger Zeit erholen. Du wächst aus den Erfahrungen und gehst stärker als zuvor aus der Trennung heraus. Hältst du jedoch an einer toxischen Beziehung fest, macht dich dies kaputt. Du findest keine Erholung und es gibt keinen Schnitt, welcher im ersten Moment weh tut, im Anschluss jedoch heilen kann. Doch genau ein solcher Schnitt ist manchmal wichtig, um heilen zu können.

Befindest du dich in einer Beziehung ist es aus diesem Grund wichtig, dir immer wieder zu überlegen, wie du dich mit dieser fühlst, ob du wirklich glücklich bist, welche Emotionen du verspürst und, ob es vielleicht Punkte gibt, an welchen gearbeitet werden muss. Findet eine augenscheinlich gesunde Beziehung ein unerwartetes Ende, ist dies im ersten Moment oft ein Schock. Es war doch augenscheinlich alles gut. In diesem Zusammenhang ist jedoch zu sagen, dass eine wirklich gesunde und glückliche Beziehung nicht einfach so, von heute auf morgen beendet wird. Wichtig ist hierbei, dass du dir die Beziehung im Nachhinein noch einmal in den unterschiedlichen Dimensionen ansiehst und wirklich tief in dich und deine Gefühlswelt hineinfühlst. Nur, wenn du in dich hineinfühlst, kannst du feststellen, an welchen Stellen die Probleme lagen und wirst du der Erkenntnis gelangen, dass vielleicht doch nicht alles so perfekt war, wie es augenscheinlich der Fall war. Vielleicht bestand nie eine solide Basis, auf welche ihr hättet aufbauen können und es war nur eine Frage der Zeit, bis der wackelige und nicht fundierte Turm in sich zusammenfallen und einen Trümmerhaufen hinterlassen würde. Vielleicht bist du die Beziehung zu einem Zeitpunkt eingegangen, welcher für dich oder für deinen Partner/der Partnerin nicht der richtige war. Oder vielleicht hatten du und dein Partner/deine Partnerin vollkommen unterschiedliche

Visionen, Ziele und Erwartungen und ihr wart einfach nicht auf Augenhöhe. Es gibt viele unterschiedliche Gründe, welche dazu beitragen können, dass es in einer Beziehung zu einer Trennung kommt. Erinnere dich an die Beziehung zurück. Rufe dir dabei in Gedanken, worüber ihr euch gestritten habt. Natürlich solltest du dich nach einer Trennung auf positive Aspekte und Emotionen konzentrieren, doch um die Trennung verarbeiten und mit dieser abschließen zu können, musst du erkennen, dass du nicht die augenscheinlich harmonische Beziehung erlebt hast, welche du denkst erlebt zu haben. Aus diesem Grund ist es so wichtig dich unter anderem daran zurückzuerinnern, welche Themen in deiner Beziehung zu Streit geführt haben. Waren es die Finanzen oder die gemeinsamen Interessen, welche in der Anzahl doch nicht so viele waren, wie du immer angenommen hast? Waren es vielleicht der Wunsch nach mehr eigener Freizeit oder religiöse Ansichten? Hat sich einer von beiden zu eingeengt gefühlt und hat der andere sich nach mehr Zuwendung und Beweisen der Liebe gesehnt? Standen vielleicht Freundschaften im Wege oder hat es mit dem Geschlechtsverkehr nicht geklappt? Waren es vielleicht doch eher das Verhalten, die Lebensphilosophien und die unterschiedlichen Erwartungen und Lebensziele? Es gibt nahezu kaum ein Thema, über welches man sich nicht streiten kann. Habt ihr euch vielleicht über getroffene

Entscheidungen oder über die Verantwortung im Haushalt gestritten? War einem Partner die Karriere wichtiger als das Familienleben oder andersherum? Lasse deine Beziehung Revue passieren und kläre für dich diese Fragen. Kamen Streitthemen immer öfter auf? Habt ihr nie eine gemeinsame Lösung gefunden? Dann war eure Beziehung keine glückliche Beziehung auf Augenhöhe und es ist für dich und auch für deinen Partner/deine Partnerin deutlich besser und gesünder, getrennte Wege zu gehen und wirklich aufrichtig glücklich zu werden.

Um den Aspekt der Trennungen zum Ende zu bringen, ist es für dich sehr wichtig, dich nicht von Schuldgefühlen und Selbstzweifeln zerfressen zu lassen. Leidest du bereits unter einem geringen Selbstwertgefühl, nutzt deine innere Stimme deine aktuelle Situation zu ihrem Vorteil und erinnert dich fortlaufend daran, was für ein Loser du bist. Klebe dieser Stimme den Mund zu und schmeiße sie aus deinem Kopf raus. Verbanne die Negativität und lasse dich von der Enttäuschung und dem Schmerz der beendeten Beziehung nicht kaputt machen. Es sollte einfach nicht sein. Jeder Mensch macht Fehler und in dem Bezug auf die Beziehungen reicht es nicht aus, in die Idee der Beziehung verliebt zu sein. Es muss passen. Und, wenn es nicht passt, gehören immer zwei Seiten dazu. Beide Seiten sind dafür verantwortlich, ob eine Beziehung funktioniert oder nicht.

Niemand ist perfekt. Es ist vollkommen ok, Mängel aufzuweisen und Fehler zu machen, ohne sich selbst mit Kritik zu überhäufen und in der Selbstkritik zu versinken. Eine Trennung ist immer auch ein Neuanfang – eine Möglichkeit, neu durchzustarten, neue Dinge zu entdecken, Dinge zu machen, welche in der Beziehung vorher nicht möglich waren. Wer mit sich selbst zufrieden ist, sich selbst wertschätzt und sich selbst liebt, kann nach einer Trennung sehr gut alleine zurechtkommen und das Leben genießen! Der erste Schritt besteht darin, die Trennung zu akzeptieren, sie anzunehmen und die Schuld nicht bei sich selbst zu suchen.

Die ersten Schritte zum Nachmachen

Jetzt haben wir viel über das Selbstwertgefühl und über die Faktoren gesprochen, welche einen großen Einfluss auf dieses haben. Nun liegt es an uns, unser Selbstwertgefühl steigen zu lassen, sprich. Es ist an der Zeit, dass wir uns unseres Wertes bewusstwerden und uns klarmachen, dass wir es verdient haben geliebt zu werden. Es ist an der Zeit, dass wir uns selbst wertschätzen und Herausforderungen annehmen, an welchen wir wachsen können und, welche uns zu dem Erfolg bringen, welchen wir uns so lange gewünscht haben. Aus diesem Grund widmen wir uns jetzt den Schritten, welche du einfach und unkompliziert Zuhause nachmachen kannst, um dein Selbstbewusstsein zu steigern und endlich den unendlichen Wert zu erkennen, welchen du hast.

Die Dankbarkeit

Der erste Schritt in die richtige Richtung – der erste Schritt zu deinem wahren „Ich" und somit zu deinem gesunden Selbstwertgefühl, ist die Dankbarkeit. Du warst in deinem Leben sicherlich bereits dankbar über bestimmte Dinge. Doch, wann war das Letzte Mal, als du wirklich aufrichtig dankbar warst? Kannst du dich daran erinnern, als dich dieses warme und wohlige Gefühl voll und ganz erfüllt hat? Kannst du dich noch daran erinnern? Falls nicht, möchte ich diese wunderschöne Erinnerung in dir wecken. Dankbar zu sein ist eines der wohl schönsten und positivsten Gefühle, welche ein Mensch spüren kann. Dankbar zu sein und die Dankbarkeit anschließend in Worte zu fassen und somit auszudrücken ist eines der schönsten Gefühle auf der ganzen Welt. Die Rede ist hierbei von der aufrichtigen Dankbarkeit. Bist du aufrichtig dankbar und kannst dies auch zeigen, wirkt sich das durch und durch positiv aus. Nicht nur du profitierst von der Seelenruhe, welche sich mit der Dankbarkeit in deinem Inneren ausbreitet, sondern du trägst auch erheblich dazu bei, dass sich die Person, welcher du dankbar bist, gut und wertgeschätzt fühlt. In einigen Fällen bist du selbst die Person, welcher du deine Dankbarkeit widmest und daran ist nichts Verwerfliches. Im Gegenteil: Es ist wunderschön und ein sehr großer und wichtiger Schritt in die richtige Richtung, wenn du dazu in der Lage bist, dir selbst gegenüber Dankbarkeit zu zeigen und zu äußern. Dankbarkeit zu zeigen scheint so einfach zu sein. Wie einfach gleitet uns das „Danke“ automatisch über die Lippen, ohne dass wir genauer über dieses nachdenken. Wir sagen es, weil „man“ es halt so sagt. Es gehört zum guten Ton dazu, dass „man“ sich bei den Menschen bedankt. Doch, sind wir in den Momenten, in welchen wir das „Danke“ aussprechen, auch wirklich dankbar? Das ist eine Frage, welche wir für uns selbst klären müssen. Und auch in diesem Zusammenhang ist es wieder wichtig, dass wir tief in uns hineinfühlen und unsere Gefühle interpretieren. Wenn wir wirklich aufrichtig dankbar sind, können wir das spüren. Wir fühlen, wenn wir Dankbarkeit empfinden und, wann wir „Danke“ sagen, weil es zum guten Ton gehört.

Dazu kommt die Tatsache, dass viele Menschen vergessen haben, was es wirklich heißt, dankbar zu sein. Viele Menschen sind mit ihrem Leben, so wie sie es leben, nicht zufrieden und sehen somit auch nichts, wofür sie dankbar sein sollten. Der Bäcker, der uns am Morgen unseren Kaffee und unser Croissant zubereitet? Wieso sollten wir Dankbar sein – es ist schließlich sein Job und ich habe für mein

Croissant bezahlt. Das ist durchaus richtig, doch das steht einem aufrichtigen „Danke“ nicht im Wege.

Auch der einfache Umstand, dass der Bus am Morgen pünktlich kommt oder der Kollege dich früher nach Hause gehen lässt, weil du am Abend eine wichtige Verabredung hast. Es sind die kleinen Dinge, für welche wir dankbar sein sollten, es aber nicht sind. Wir bedanken uns – das stimmt, aber wir sind nicht aufrichtig dankbar. Wir schaffen es nicht, die einfachen Dinge in unserem Leben wertzuschätzen, sehen unser Leben stets als unfair an und sind undankbar. Um aufrichtige Dankbarkeit empfinden und ausdrücken und damit unser Wohlbefinden und auch unsere Lebensqualität erhöhen zu können, können wir eine einfache und dennoch sehr effektive Übung durchführen.

Diese besteht darin, dass wir uns jeden Tag etwas Zeit nehmen, um den Tag noch einmal vor unserem Auge passieren zu lassen. Was ist heute passiert, wofür wir dankbar sind? Vielleicht wird dir die ersten Male nichts einfallen und die Seite in deinem kleinen Dankbarkeits-Tagebuch bleibt leer, doch oft liegt das daran, dass wir nach den großen Momenten suchen, welche uns zur Dankbarkeit verleiten. Lernen wir, Tag für Tag, uns auf die kleinen Dinge zu konzentrieren und dankbar zu sein, dass wir schlicht und ergreifend ein warmes Essen zum Mittag hatten und nicht schon wieder ein belegtes Toastbrot essen mussten, ist dass ein Punkt, für welchen wir aufrichtig dankbar sein dürfen. Jeden Tag wird es dir immer ein Stück einfacher fallen, drei Dinge zu finden, für welche du dankbar sein kannst. Sei es die Sonne, welche dir heute einen wunderschönen Nachmittag im Park beschert hat oder dein Partner, welcher dich mit all deinen Fehlern und Macken aufrichtig liebt – nehme dir Zeit und, wenn du mehr als drei Dinge täglich findest, ist das nur umso besser. Und, ganz wichtig, habe keine Scheu davor dir selbst dankbar zu sein. Du bist der Mensch, welcher dir am nächsten steht und, der dich am besten kennen sollte. Aus diesem Grund ist es durchaus ein Grund dankbar zu sein, wenn du an dir arbeitest und dir somit Schritt für Schritt zum Erfolg verhilfst. Für diese Zuwendung und Arbeit darfst du dir jeden Tag unendlich dankbar sein und das auch in dein Tagebuch schreiben.

Die Meditation

Ein weiterer Schritt, welchen du auf deiner Reise zu der Steigerung deines Selbstwertgefühls machen kannst, ist der Schritt der Meditation. Vielleicht hast du bereits davon gehört, diese aber bislang als esoterischen Unfug abgetan oder dich schlicht und ergreifend nicht für sie interessiert. Derweil stellt die Mediation ein sehr wichtiges und hilfreiches

Mittel dar, wenn du auf der Suche nach dir selbst bist und dir endlich deines Wertes bewusstwerden möchtest.

Viele Menschen gehen irrtümlicherweise davon aus, dass sich das Meditieren darauf konzentriert, nicht zu denken, was so nicht richtig ist. Genau das Gegenteil ist der Fall. Die Mediation zielt darauf ab zu denken. Doch die Rede ist nicht von den Gedanken, welche uns das Leben schwermachen, indem sie in unserem Kopf herumirren, sondern die Rede ist von unserem wahren Inneren. Die Rede ist von unseren wahren und vermutlich tief vergrabenen Wünschen. Wir wollen uns mit der Mediation besser kennenlernen. Wir wollen unserem wahren „Ich" auf die Spur kommen und uns jedes Mal ein bisschen besser kennenlernen. Um auf diese Art und Weise denken zu können, ist es wichtig, dass wir uns Zeit für uns nehmen und uns entspannen. Durch die Entspannung unseres Körpers und unseres Geistes, begeben wir uns in einen Zustand, welcher sich jenseits des Wachseins und auch jenseits des Schlafens befindet. Wir blenden die Gedanken des Alltags aus und zoomen in die Gedanken unseres Inneren ein.

Unter der Mediation verstehen wir also, um genau zu sein, das Denken, welches uns dabei unterstützt, zu uns selbst zu finden, unser Selbstwertgefühl zu steigern und uns selbst treu zu bleiben Durch bestimmte Techniken können wir uns mit unserem Körper identifizieren und uns besser kennenlernen. Wir treten sozusagen in den Kontakt mit unserem tiefsten Kern und können diesen kennenlernen. Mit der richtigen Mediation kannst du nicht nur ein deutlich höheres Selbstbewusstsein entwickeln und somit selbstbewusster durch das Leben gehen, sondern du kannst deine alten Muster und die Verhaltensweisen durchbrechen, um dich vollkommen für den neuen Schritt und somit auch für die Positivität und den Erfolg zu öffnen.

Das innere Bild

Wir selbst sind unser größter Feind. Es wäre vollkommen legitim, wenn unser innerer Kritiker, welcher sich in unserem Kopf breitgemacht hat und nicht mehr aus ihm verschwinden möchte, konstruktive Kritik äußern würde, aus welcher wir lernen und, aus welcher wir folglich etwas für unser Leben und unsere weiteren Handlungsweisen mitnehmen können. Leider ist das jedoch nicht der Fall, da es unser innerer Kritiker darauf abgesehen hat, uns klein zu machen und uns immer weiter in den Boden zu stampfen, wenn wir denken, dass wir das Ende des Abgrunds bereits erreicht haben. Du kannst nichts! Du bist nichts wert! Du taugst nichts! – kommen dir diese Sätze bekannt vor? Ja? Machst du dich auch permanent selbst nieder und klein? Diese Sätze haben nichts mit konstruktiver Kritik zu tun, sondern tragen ausschließlich dazu bei, dich klein und nieder zu machen und folglich auch dein Selbstwertgefühl zu mindern und dermaßen mit Negativität zuzuschütten, dass sich dieses nicht mehr heraustraut und hinter einer großen Mauer versteckt. Wir machen uns mit einer erschreckenden Leichtigkeit für jede noch so kleine Dummheit klein und greifen uns für kleine Fehler an, welche wir bei anderen Menschen nicht einmal bemerken, geschweige denn bemängeln würden. Uns selbst halten wir diese jedoch über Monate, wenn nicht sogar über Jahre hinweg vor und definieren uns über die Fehler und die Dinge, welche wir augenscheinlich nicht gut gemacht haben. Es fällt uns so leicht, uns selbst niederzumachen und uns zu verletzen, was dazu führt, dass wir ständig das Gefühl haben, dass etwas mit uns nicht stimmt. Wir geben uns selbst das Gefühl nichts zu können und nichts wert zu sein. Da unser Unterbewusstsein die ganze Zeit über nichts anderes hört, fängt es an, uns zu glauben und dafür zu sorgen, dass wir uns entsprechend verhalten. Dieser Umstand führt auch dazu, dass wir nicht dazu in der Lage sind Komplimente anzunehmen und uns über diese zu freuen. Resultat dessen ist, dass wir uns in uns zurückziehen und uns, aus lauter Angst vor der gehässigen Stimme unseres inneren Kritikers, immer mehr in uns zurückziehen und Anerkennung durch andere Menschen zu suchen. Und diese bekommen wir, unserer Meinung nach, indem wir uns anpassen und unsere eigenen Wünsche und Bedürfnisse beiseitestellen. Und so geraten wir in eine nahezu unaufhaltsame Kettenreaktion, welche durch unseren inneren Kritiker ausgelöst wurde. Umso wichtiger ist es, diesem Kritiker den Mund zu verbieten und in langsam und gezielt durch eine positive und motivierende Stimme zu ersetzen. Erschaffe dir einen positiv eingestellten und motivierenden Personal Trainer und lass diesen dein Leben kommentieren und dich auf deiner Reise unterstützen. Sagt die negative Stimme in deinem Inneren beispielsweise: „Das schaffst du eh nicht!" lässt du deine motivierende und positive Stimme einfach lauter sprechen und sie sagen lassen: „Versuch es! Du kannst nichts verlieren, sondern nur gewinnen!" Das braucht etwas Übung, doch, je öfter es dir gelingt, gegen die negative Stimme in deinem Inneren anzukommen, umso positiver wird sich dein Inneres verhalten. Dein Unterbewusstsein wird positiver, dein Handeln wird positiver und du wirst die Positivität früher oder später voll und ganz nach außen strahlen und dementsprechend anziehen.

Wohltuende Dinge

Erfolge sind da, um gefeiert zu werden. Wenn du dir die Schritte zu Herzen nimmst, welche ich dir empfohlen habe, wirst du schon bald die ersten Erfolge erzielen. Der absolut erste Erfolg überhaupt ist die Tatsache, dass du dich dazu entschlossen hast, an dir zu arbeiten. Denn der Wille an dir zu arbeiten, dich besser kennenzulernen und die Wunden zum Heilen zu bringen ist die erste und wichtigste Voraussetzung für das Antreten dieser spannenden Reise zu dir und deinem Selbstwertgefühl. Aus diesem Grund solltest du nicht geizen, wenn es darum geht, dich nach einem Erfolg selbst zu belohnen. Hast du heute eine neue Herausforderung angenommen und bist mit dieser Entscheidung über deinen Schatten gesprungen? Oder ist dir eine andere Sache besonders gut gelungen? Dann ist das ein Grund zu feiern und dich selbst zu belohnen. Genieße das positive Gefühl, welches sich mit der Belohnung in dir breitmacht und gönne dir dieses Gefühl immer und immer wieder. Sich selbst zu belohnen ist unglaublich wichtig, um motiviert am Ball zu bleiben und uns selbst gegenüber das Statement zu setzen, dass wir es wert sind, verwöhnt und belohnt zu werden.

Meine persönlichen Tipps für dich

Zu guter Letzt möchte ich dir noch ein paar wertvolle persönliche Tipps mit auf den Weg geben, welche dir dabei helfen sollen, nicht nur dein wahres „Ich“ zu finden, sondern auch dein Selbstwertgefühl zu steigern und somit ein glückliches, zufriedenes, erfolgreiches und selbstbewusstes Leben zu leben.

Wenn wir verunsichert sind und um jeden Preis Anerkennung von unseren Mitmenschen haben wollen, neigen wir dazu, zu allem und zu jedem „Ja“ zu sagen. Wir wollen uns die Anerkennung sozusagen erkaufen, indem wir auch Dingen zustimmen, zu welchen wir keine Lust haben. Es fällt uns erstaunlich einfach „Nein“ zu uns selbst zu sagen, während wir bei anderen Menschen das „Ja“ nahezu automatisch über die Lippen rutschen lassen. Wichtig ist es, dass wir uns selbst unserer Grenzen bewusstwerden. Jeder Mensch hat Grenzen. Jeder Mensch hat Dinge, welche er nicht mag und, welche er dementsprechend nicht gerne macht. Wir müssen uns klar darüber werden, dass die Anerkennung anderer Menschen nicht den Wert unserer selbst steigert. Unser Wert ist immer derselbe, ganz gleich, ob wir „Ja“ oder „Nein“ zu unseren Mitmenschen sagen. Wir müssen lernen unsere persönlichen Grenzen kennenzulernen und diese anschließend auch aufzuzeigen und durchzusetzen. Tun wir dies nicht und Handelns ausschließlich in der Mission „Anerkennung finden“, machen wir uns damit früher oder später kaputt, indem wir uns immer mehr von uns selbst entfernen. Sage „Nein“ zu Dingen, welche dir keinen Spaß machen. Sage „Nein“ zu Dingen, welche dir Zeit rauben und keinen Vorteil bringen und sage stattdessen „Ja“ zu dir, zu deinen Wünschen, deinen Bedürfnissen und deinen Gefühlen. Lerne „Nein“ zu sagen und dieses kleine und zur selben Zeit effektive Wort angemessen einzusetzen. Du bist du und du hast eine wichtige Verantwortung dir selbst gegenüber. Diese sieht es nicht vor, dass du es allen anderen in deinem Umfeld recht machen musst. Du bist die Person, welche dir am nächsten steht. Aus diesem Grund musst du es ausschließlich dir und keinem anderen Menschen recht machen und dich schon gar nicht für die vermeintliche Anerkennung der anderen Menschen verstellen. Denn, wer immer „Ja“ sagt und für alle und jeden immer erreichbar ist, wird vielleicht augenscheinlich mit angeblicher Dankbarkeit belohnt, bekommt aber in den meisten Fällen den Stempel „Mit der kann man es ja machen.“ Aufgedrückt. Rufe dir immer wieder ins Gedächtnis, dass es nicht deine Aufgabe ist, es allen Menschen Recht zu machen. Das heißt nicht, dass du deinen Mitmenschen keinen Gefallen mehr machen sollst, sondern das heißt, dass du dich auf dich konzentrierst, deine Wünsche und Bedürfnisse, sowie auch deine Grenzen klar definierst und für diese einstehst.

Deine Ausstrahlung hat einen sehr großen Einfluss darauf, wie du auf andere Menschen wirkst und welche Menschen du mit deinem Verhalten anziehst. Eine negative Einstellung wird Negativität anlocken, während eine positive Einstellung und eine folglich positive Ausstrahlung zu dem Anlocken positiver Menschen und positiver Erfolge und Situationen führen wird. Deine Ausstrahlung sagt sehr viel über dich und über deine Persönlichkeit aus. Menschen, welche sich unsicher sind und sich ihres Wertes nicht bewusst sind, strahlen diesen Umstand auch nach außen aus. Wir meiden in der Regel den Blickkontakt zu anderen Menschen, wir sind nervös und befinden uns stets in der Fluchthaltung, sodass wir bei der nächstbesten Gelegenheit, welche sich uns bietet, schreiend weglaufen können. Die Körpersprache und somit die Ausstrahlung selbstbewusster Menschen gestaltet sich hingegen ganz anders. Selbstbewusste Menschen gehen offen auf andere Menschen zu. Sie schauen ihrem Gegenüber in die Augen, wenn sie mit ihm sprechen und sie sind vollkommen entspannt. Auch die Haltung ist deutlich offener und es entsteht nicht der Eindruck, dass sie am liebsten aufstehen und gehen würden.

Kennst du das Gefühl? Ein Mensch betritt den Raum und die Sonne geht auf? Das Meeresrauschen im Hintergrund aktiviert sich und die gesamte Umgebung schein in Positivität zu baden? Betritt ein positiver Mensch einen Raum ist dies sofort zu spüren. Sie gehen mit festen und bestimmten, zur gleichen Zeit aber leichten und beflügelten Schritten durch den Raum und geben jedem Anwesenden ein Stück der Positivität ab. Wie bist du gestimmt? Bist du ein negativ eingestellter Mensch? Selbst, wenn dem so sein sollte, heißt das nicht, dass dein Schicksal geschrieben ist und du nun dein gesamtes Leben lang mit der erdrückenden

Negativität und einer folglich negativen Ausstrahlung leben musst. Du entscheidest, wann sich dein Leben ändern soll und du gibst den Startschuss.

Der erste Schritt zu deinem positiven Auftreten im Raum, ist der Gang. Unser Innenleben strahlt sich sehr deutlich und stark auf unser äußeres Handeln aus, so sehr wir auch versuchen, es zu unterdrücken. Werde dir der Art und Weise deines Ganges bewusst und richte diese auf einen positiven und vor allem selbstbewussten und selbstsicheren Gang aus. Es wird auch hier einiges an Zeit in Anspruch nehmen, bist du vollkommen aufrecht und erhobenen Kopfes durch einen Raum schreiten kannst, doch jeder noch so kleine Zentimeter, welchen du deinen Kopf von Mal zu Mal hebst, ist ein Erfolg und Schritt in die richtige Richtung. Ziehe deine Schultern zurück und strecke deine Brust etwas hervor. Du wirst auch gleich merken, wie dein Atem einfacher und unbeschwerter wird, wenn du deinen Brustkorb nicht die ganze Zeit über zusammendrückst. Suche nicht verzweifelt nach einer Position, in welche du deine Hände bringen kannst, sondern lasse diese einfach und unbeschwert an deinen beiden Seiten baumeln und schmücke dein Gesicht mit einem schönen Lächeln. Achte auf deine Atmung und entwickle eine allgemeine Körperhaltung, welche dir Sicherheit und gleichzeitig Offenheit bietet. Öffne dich für die Positivität, für das Selbstbewusstsein und das

Selbstwertgefühl, welche immer mehr und vor allem immer spürbarer Einzug in dein Leben nehmen und deinen Gang festigen werden.

Jeder Mensch kennt von sich selbst das Gefühl nichts zu wissen und nichts zu können. Wichtig ist, dass wir diesem Gefühl keine allzu große Macht über uns und unser Leben geben. Um unser Selbstwertgefühl stärken und uns unseres Werts folglich vollkommen bewusst zu werden, ist es wichtig, dass wir uns darüber bewusstwerden, dass wir über eine Menge an Stärken und Fähigkeiten verfügen. In diesem Zusammenhang kommen wir nochmal auf die bereits behandelten Fragen auf, was du besonders gut kannst und in welchen Bereichen deine Stärken liegen. Nehme dich dieser Frage voll und ganz an. Selbst, wenn du nicht direkt unmittelbar eine Antwort auf diese Frage findest, solltest du dich Tag für Tag beobachten und bewusst leben. Je bewusster du lebst, umso bewusster bist du dazu in der Lage wahrzunehmen, in welchen Bereichen deine Stärken stecken, worin du gut bist und welche möglichen Schwächen du mit etwas Arbeit und Hingabe zu Stärken ausbauen kannst. Bemerkst du bei dir Dinge, welche dir Spaß machen und, welche somit in deinem Inneren für eine immense Positivität sorgen, solltest du diese immer und immer wieder machen. Das heißt nicht, dass du besonders gut in den Dingen sein musst. Es ist ok auch einfach einmal Spaß zu haben, ohne besonders gut in einem bestimmten Gebiet zu sein. Doch auch Dinge, in welchen du besonders gut bist, wirken wie ein Booster auf dein Selbstbewusstsein, auf deine positive innere Einstellung und somit auch auf dein Selbstwertgefühl. Widme dich aus diesem Grund diesen Boostern und integriere diese regelmäßig in dein Leben.

Und zu guter Letzt möchte ich dich dazu auffordern zu erkennen, zu verbalisieren und anzunehmen, was für eine wunderschöne, liebenswerte und vor allem wertvolle Person du bist. Stelle dich jeden Tag vor deinen Spiegel und mache dir ein ehrliches und ernst gemeintes Kompliment. Du kannst dich dabei auf dein Äußeres oder auch auf dein Inneres beziehen – es liegt ganz an dir, was für ein Kompliment du dir machst. Wichtig ist, dass du dir täglich ein Kompliment machst und dir somit jeden Tag einen Schritt näherkommst. Wir Menschen haben alle einen unbeschreiblich großen Wert – wir müssen ihn nur erkennen, um uns aufrichtig lieben lassen und andere Menschen lieben zu können. Es ist so viel schöner in Positivität und Liebe zu leben, als sich von der Negativität auffressen zu lassen und sich selbst klein zu machen. Halte Großes von dir, schaffe Großes und hinterlasse Großes! Die Welt mag groß und unübersichtlich sein. Du magst ab und an das Gefühl haben dich in dieser zu verlieren, dich anpassen zu müssen und dem großen Ganzen nicht gerecht zu werden. Lenke deinen Blick auf deine Welt, in welcher du die Hauptrolle spielst – in welcher du die wichtigste Person bist. Denn, wenn du mit deiner kleinen Welt im Reinen bist, deinen Wert kennst und dich selbst akzeptierst kannst du dein kleines Stück in die große Welt einfügen und dich in dieser behaupten. Jeder kleine helle Punkt ist ein wichtiger Teil des großen Mosaiks, welches die Positivität, die Selbstwertschätzung und die Wertschätzung der anderen Menschen darstellt.

Liebe dich selbst, schätze dich selbst wert und starte noch heute den Schritt in ein erfolgreicheres und glücklicheres Leben.

Deine persönliche Checkliste

- o Sei heute einfach mal stolz auf dich! Was hast du heute besonders gut gemacht? Sei es deine Frisur, dass du früh aufgestanden bist oder dich in deine Sportklamotten geschmissen hast.

- o Setze unbedingt Grenzen und lerne „Nein!" zu sagen! Du kennst deine Gefühle und Bedürfnisse. Achte auf diese und sage zum richtigen Zeitpunkt „Nein!". Wenn du dich unwohl fühlst, keine Lust oder einfach keine Zeit hast, brauchst du keine Angst vor dem Wort „Nein" haben.

- o Habe nicht ständig ein schlechtes Gewissen! Wir sind umzingelt von Ratgebern, Models oder Modezeitschriften. Es ist völlig normal, dass du dich da schnell mal schlecht fühlen kannst. Aber musst du jetzt ein schlechtes Gewissen haben, weil du nicht so schlank und fehlerlos bist, wie die Menschen in den Medien gezeigt werden? Nein! Du bist perfekt, so wie du bist!

- o Nimm nicht alles persönlich! Nur weil du nicht gegrüßt wurdest oder deine Freunde sich ein Tag mal nicht gemeldet haben, das hat nicht direkt etwas mit dir zu tun. Mach dich einfach locker!

- Äußere klar und deutlich deine Meinung! Sag was du zu sagen hast, sei konkret und überzeuge deinen Gegenüber. Stehe aufrecht, habe Blickkontakt und achte auf deine Gestik beim Sprechen.

- Akzeptiere deine Schwächen und Stärken! Deine Gefühle, dein Aussehen, dein Lächeln und deine Art Dinge zu sehen machen dich zu der Person, die du bist. Fokussiere dich auf deine Stärken und sei nicht immer so selbstkritisch. Schreibe dir am besten sofort 5 Dinge auf, die du besonders gut kannst, wofür dich andere bewundern und wofür du brennst. Du bist gut so, wie du bist.

- Stehe dir nicht selbst im Weg! Nimm Herausforderungen an, gehe aus deiner Komfortzone raus. Nur so kannst du persönlich wachsen. Akzeptiere auch, dass nicht immer alles glatt kaufen kann. Lerne aus deinen Fehlern und mach es besser. Misserfolg ist ein Teil von Erfolg!

- Tu dir selbst auch mal etwas Gutes! Du solltest nie vergessen, dir auch ab und zu mal eine Pause zu gönnen. Du musst so vielen Anforderungen gerecht werden, dass du auch mal Abstand davon brauchst. Tue einfach das, was dir Spaß macht und dich entspannt.

Du alleine entscheidest, ob du wertvoll oder wertlos sein möchtest.

Dankeschön

Danke an dich. Deine Worte, deine Unterstützung und dein Vertrauen hat mich jeden Tag bestärkt und angeregt, dieses Projekt zu verwirklichen. Dein Feedback ist meine größte Motivation meine einzigartige Community weiterhin auf meiner persönlichen Reise mitzunehmen und noch mehr aus mich herauszuwachsen.

Es hat mir sehr viel Spaß gemacht, all die Dinge in diesem Buch mit dir tu teilen. Techniken zu entwickeln und meine Erfahrungen dir weiterzugeben. Merke dir, dass niemand deinen Wert bestimmen kann, denn du bist die Person, die darüber entscheidet, wie wertvoll du bist – für immer.

Schau doch bei meinem Social-Media-Kanal vorbei und teile unter #mitjux all deine kleinen aber auch großen Erkenntnisse aus diesem Buch. Ich freue mich jetzt schon dich auf meiner weiteren Reise mitzunehmen.

Deine Xeni

Meine Empfehlung für Dich

Selbstliebe: Wie du glücklich wirst

ISBN: 979 8 61 355486 7

Komm mit auf meine persönliche Reise

INSTAGRAM: https://www.instagram.com/mitjux/

Ich freue mich riesig, von dir zu lesen oder deine Beiträge unter meinem Hashtag #mitjux zu entdecken.

Xenia Mitju

Ich bin 1995 in der Stadt Omsk in Russland geboren und bin mit meinen Eltern sowie meinem älteren Bruder in sehr jungen Jahren nach Deutschland gezogen.

Bereits während meiner Schulzeit habe ich immer ein Tagebuch geführt sowie lange und ausführliche Briefe an meine Großeltern geschrieben. Das Schreiben hat mir schon damals in jungen Jahren sehr gefallen, sodass ich einen Blog eröffnete um hierin meine Gedanken und Gefühle mitteilte. Mit Anfang 20 begann ich mit meiner Social Media Seite auf Instagram und konnte meine Kreativität nicht nur in Texten, sondern auch in kreativen Bildern ausdrücken. Seitdem liegt mein Fokus im Motivieren von Frauen, die selbst die beste Version von sich selbst sein wollen.

Rechtliches

Die Benutzung dieses Buches und die Umsetzung der darin enthaltenen Informationen erfolgt ausdrücklich auf eigenes Risiko. Der Autor kann für etwaige Unfälle und Schäden jeder Art, die sich durch die Verwendung dieses Buches ergeben, aus keinem Rechtsgrund eine Haftung übernehmen. Haftungsansprüche gegen den Autor für Schäden materieller oder ideeller Art, die durch die Nutzung oder Nichtnutzung der Informationen bzw. durch die Nutzung fehlerhafter und/oder unvollständiger Informationen verursacht wurden, sind grundsätzlich ausgeschlossen. Rechts- und Schadenersatzansprüche sind daher ausgeschlossen.

Das Werk inklusive aller Inhalte wurde unter größter Sorgfalt erarbeitet. Der Autor übernimmt jedoch keine Gewähr für die Aktualität, Korrektheit, Vollständigkeit und Qualität der bereitgestellten Informationen. Druckfehler und Falschinformationen können nicht vollständig ausgeschlossen werden. Der Autor übernimmt keine Haftung für die Aktualität, Richtigkeit und Vollständigkeit der Inhalte des Buches, ebenso nicht für Druckfehler. Es kann keine juristische Verantwortung sowie Haftung in irgendeiner Form für fehlerhafte Angaben und daraus entstandenen Folgen vom Autor übernommen werden.

Impressum

Xenia Mitjuschow
Achtersteven 2
26122 Oldenburg

Bildnachweis:
Coverbild + Foto der Autorin © Xenia Mitjuschow

ISBN: 9798639240409